Hartwig Hansen, Christian Zechert, Fritz Bremer (Hg.)

Herr Dörner kommt mit dem Zug

D1662009

Eine Kooperation von:
Paranus Verlag · Psychiatrie Verlag · Schattauer Verlag

Die Herausgeber:

Hartwig Hansen, Jg. 1957, Diplompsychologe, bis 1995 Geschäftsführer des Psychiatrie Verlages, lebt heute in Hamburg und arbeitet dort als Publizist, Fachlektor, Paar- und Familientherapeut und Supervisor. Zahlreiche Buchveröffentlichungen als Autor und Herausgeber. Internet: www.hartwighansen.de

Christian Zechert, Diplomsoziologe, 2006 bis 2008 Geschäftsführer des Dachverbands Gemeindepsychiatrie. Studium der Soziologie an der Universität Bielefeld (1978-1982), Wissenschaftlicher Mitarbeiter an diversen Modellprojekten (1979-1986), Klinischer Soziologe am Zentrum für Psychiatrie und Psychotherapeutische Medizin, Klinik Gilead, Bielefeld (1988-2006), Lehrbeauftragter der Fachhochschule Bielefeld (1998-2006) und Ev. Fachhochschule Hannover (2000-2008). Redaktionsmitglied der Zeitschriften Soziale Psychiatrie und Psychosoziale Umschau. Zahlreiche Veröffentlichungen als Autor und Herausgeber.

Fritz Bremer, Jg. 1954, Sonderschullehrer und Diplompädagoge, Gründer der Jahreszeitschrift »Brückenschlag« und des Paranus Verlages. Heute ist er Pädagogischer Leiter in der Brücke Neumünster gGmbH. Mitglied der DGSP, im Vorstand der DGSP Schleswig-Holstein. Er ist verheiratet und Vater von drei Kindern. Zahlreiche Veröffentlichungen als Autor und Herausgeber. (Mit)Initiator der »Soltauer Initiative« (siehe: www.psychiatrie.de/dgsp/soltauer_initiative).

Hartwig Hansen,
Christian Zechert,
Fritz Bremer (Hg.)

Herr Dörner kommt mit dem Zug

80 Jahre – 80 Begegnungen

Psychiatrie
Verlag

 Schattauer

Paranus
verlag

Dieses Buch erscheint aus Anlass des 80. Geburtstages von Prof. Dr. Dr. Klaus Dörner (22. November 2013) in Kooperation »seiner« drei Verlage Paranus Verlag der Brücke Neumünster gGmbH, der Psychiatrie Verlag GmbH, Köln, und der Schattauer GmbH, Stuttgart.

Bibliografische Information Der Deutschen Nationalbibliothek
Die Deutsche Nationalbibliothek verzeichnet diese Publikation in der Deutschen Nationalbibliografie; detaillierte bibliografische Daten sind im Internet über http://dnb.d-nb.de abrufbar.

© 2013 bei den Herausgebern

Paranus Verlag der Brücke Neumünster gGmbH
Postfach 1264, 24502 Neumünster
Telefon (04321) 2004-500, Telefax (04321) 2004-411
verlag@paranus.de, **www.paranus.de**

Psychiatrie Verlag GmbH
Ursulaplatz 1, 50668 Köln
Telefon (0221) 167 989-0, Telefax (0221) 167 989-20
verlag@psychiatrie.de, **www.psychiatrie-verlag.de**

Schattauer GmbH
Verlag für Medizin und Naturwissenschaften
Hölderlinstraße 3, 70174 Stuttgart
Telefon (0711) 229 87-0, Telefax (0711) 229 87-50
info@schattauer.de, **www.schattauer.de**

Umschlaggestaltung: druckwerk der Brücke Neumünster gGmbH
unter Verwendung zweier Fotos von Ute Hüper, Köln
Wir danken herzlich.
Druck und Bindung: druckwerk der Brücke Neumünster gGmbH

Paranus Verlag (ISBN 978-3-940636-27-0)
Psychiatrie Verlag (ISBN 978-3-88414-581-4)
Schattauer Verlag (ISBN 978-3-7945-2973-5)

Inhalt

Begrüßung zum Geburtstagsfest

Klaus Dörner wird 80 Jahre. Das ist etwas Besonderes.
Da er bei allem, was ihn ausmacht, auch ein Büchermensch* ist,
dachten wir, wir sollten ihm ein ganz besonderes Buch schenken –
keins aus der Buchhandlung, sondern ein extra für ihn gemachtes.
Eine Festschrift – ausschließlich mit Beiträgen seiner beruflichen
Weggefährt/inn/en und akademischen Kolleg/inn/en? – Bloß das
nicht! Gab's alles schon ...
Was aber könnte stattdessen passen?
Wie wäre es mit 80 Begegnungen aus der aktuellen Phase seines
Wirkens? Wir bitten die Menschen, die Klaus Dörner in den vergan-
genen drei Jahren zu einem Vortrag eingeladen haben, etwas aufzu-
schreiben über die Begegnung mit ihm, über die Wirkungen und
Nachwirkungen seines Vortrages, der Veranstaltung, der Gespräche
und Diskussionen.
Schnell werden sich die drei »Dörner-Verlage« einig, diese Idee
eines vielstimmigen »Feedbacks« zu verwirklichen und als
Geburtstags-Buch zusammen herauszugeben.

Bei der Auswahl der Adressat/inn/en konzentrieren wir uns auf die
Menschen, mit denen Klaus Dörner in den vergangenen drei Jahren
seine Vorträge in ganz Deutschland, in Österreich und in der Schweiz
verabredet hat. Eingeladen war er von Ehrenamtlichen, Pflegenden,
Eltern, Vereinen, Nachbarschaften aus Groß- und Kleinstädten, aus
Dörfern und Stadtteilen, Kliniken und Hospizen.
Zusätzlich schreiben wir die Projekte an, die Klaus Dörner in sei-
nen letzten beiden Büchern »Leben und sterben, wo ich hingehöre«
und »Helfensbedürftig« in zahlreichen Fußnoten als beispielhaft und
wegweisend erwähnt hat.
Ob das was wird? Wir sind zu Beginn gar nicht sicher.
Unser Einladungsbrief geht raus – mit der Bitte um Geheimhaltung.
Dann warten wir.

* Neben seinen zahlreichen eigenen Veröffentlichungen war er 1978 mit dem
Lehrbuch »Irren ist menschlich« maßgeblich an der Gründung des Psychiatrie
Verlages und 1986 des Verlages Jakob van Hoddis beteiligt, aus dem dann im Jahr
2000 die Edition Jakob van Hoddis im Paranus Verlag hervorging.

Überraschend schnell kommen die Antworten und die meisten gleich mit einem Text über die Begegnungen und Veranstaltungen mit Klaus Dörner, erst einige, dann viele – dann fast alle.

Das Lesen der Einsendungen wird für uns zur Entdeckungsreise. Wir stellen fest, dass die Idee genau richtig war. Viele Autorinnen und Autoren schreiben so, als hätten sie auf die Anfrage schon gewartet. Und wir entdecken die unglaubliche Vielfalt, Breite und Tiefe der Themen- und Wirkungsfelder von Klaus Dörner.

Herzlich danken wir allen Autorinnen und Autoren, die mitgemacht haben. Wir danken Ihnen allein schon für die Einblicke, die Sie uns durch Ihren persönlichen Text gewährt haben. Wir danken für die vielen Anregungen, die Sie geben, die nun auch für die Leserinnen und Leser dieses Buches zugänglich und damit schon zu einer Art »Praxishandbuch für den dritten Sozialraum« werden.

Und wir danken all denen, die so manchen Beitrag für ihre Vorgesetzten getippt, bearbeitet, weitergeleitet haben und in diesem Buch nicht namentlich auftauchen (wollten). Diese stille Arbeit soll ausdrücklich gewürdigt werden. Dies auch in guter Tradition von Klaus Dörner, nämlich auch diejenigen wahrzunehmen, die außerhalb des großen Rahmens stehen und dennoch dazugehören.

Als Herausgeber wissen wir auch: längst nicht alle Freundinnen und Freunde, alle, die ihm gedanklich nahestehen und ihm gerne auch hier gratuliert hätte, haben in diesem Buch Platz gefunden. Dafür bitten wir um Verständnis. Uns lag an einer möglichst lebensnahen Rückmeldung der vielen »Basis-Engagierten« an Klaus Dörner auf sein stetiges Wirken, Reisen, Mahnen, Zuhören und Impulsesetzen.

Angesichts der Vielzahl der Themen haben wir vom Versuch einer inhaltlichen Gliederung der Texte im Buch abgesehen. Wir haben sie schließlich einfach von »Nord nach Süd« angeordnet, also in der regelmäßigen Blick- und Reiserichtung des Hamburgers Klaus Dörner.

Wir stellen mit Hochachtung fest: Es ist kaum zu fassen, wie jemand es schaffen kann, bis zu 200 Vorträge pro Jahr im ganzen Land zu halten. Klaus Dörner vermittelt durch seine Vorträge und Gespräche die Notwendigkeit der Wiederbelebung der gegenseitigen Hilfe, der Nachbarschaftshilfe, die Notwendigkeit der Wiederentdeckung des »dritten Sozialraums«. Er fordert uns dazu auf, etwas neu zu erlernen, etwas, was wir gründlich verlernt zu haben scheinen.

Es ist – und das können Sie in diesem Buch nachlesen – unglaublich, wie überzeugend Klaus Dörner in der heutigen Ära der Selbstmanagement-Ideologie mit seiner Aufforderung zum bürgerschaftlichen Helfen durchs Land reist und welche Wirkungen er entfaltet. Er erklärt uns schlüssig unsere »Helfensbedürftigkeit« und lässt keinen Zweifel daran, dass es notwendig ist, sie jetzt zu entdecken und sofort aktiv zu werden.

Lieber Klaus,
wir überreichen Dir mit diesem Buch inhaltlich nichts Neues. Du kennst alle Themen, Du hast an all den Begebenheiten und Begegnungen, die hier beschrieben werden, maßgeblich teilgehabt. Vielleicht ist es aber neu und erfreulich für Dich, zu lesen, welche Spuren Du bei so vielen Menschen hinterlassen hast, wie viele Menschen Du bewegt und in Bewegung gebracht hast. Mit der Empfehlung, den dritten Sozialraum zu entdecken und zu gestalten, bist Du nun viele Jahre unterwegs und hast – fast beiläufig – das ganze Land zu Deinem dritten Sozialraum gemacht. Du hast eine beeindruckend weitläufige Nachbarschaft!

Wir wünschen Dir, dass Du diese Arbeit fortsetzen kannst.
Vor allem wünschen wir Dir Gesundheit, viele gute Ideen, nebenbei Freude mit diesem Buch und dass Du immer gut ankommst – mit dem Zug.

Die Herausgeber, im Sommer 2013

Mit Frau H. kam die Zusammenarbeit

Wir hatten Glück. Wir waren viele Jahre gemeinsam in Ostwestfalen am Werk. Klaus Dörner als leitender Arzt in den Westfälischen Kliniken Gütersloh und eine bunte Schar fröhlicher und engagierter Bielefelder, die für eine soziale, anerkennende, solidarische Gesellschaft arbeiteten. Wir brauchten seine Unterstützung, um die Bielefelder Patienten in ihre Häuslichkeit rückführen zu können. Klaus Dörner hatte den Mut und die Ideen, wie er uns unterstützen konnte.

In Bielefeld begannen 1977 viele Initiativen zusammenzuarbeiten. Aus dem Generationengesprächskreis der Katholischen Hochschulgemeinde entwickelte sich der ambulante Dienst »Freie Altenarbeit Alt trifft Jung e.V.«. Ich war damals Gemeindeschwester in der St. Joseph Gemeinde und der Pfarrer empfahl: Macht euch doch selbstständig, um Familien, alte, kranke und behinderte Menschen in ihrer Wohnung zu betreuen und zu pflegen.

Der Verein wurde von behinderten Menschen, Senioren, Studenten, Erzieherinnen, Hausfrauen und Pflegekräften gegründet. Unsere Arbeit wuchs. 1980 waren wir bereits über 80 Mitarbeiter und bald in fünf Stadtteilen tätig. Wir betreuten Menschen Tag und Nacht in ihren eigenen Wohnungen; von der Schwerstkrankenpflege bis zum Hundausführen und Blumengießen. Ohne zwanghaft geführte Dokumentation und ohne eine Versicherungskarte.

Bei einer 80-jährigen Dame waren wir mit Hilfe der Nachbarschaft rund um die Uhr tätig. Sie wollte nicht mehr allein in ihrer Wohnung sein. So suchten wir nach einem Haus ohne Stufen für ein Wohnprojekt, in das auch Rollstuhlfahrer einziehen konnten. Zu Ostern 1981 besetzten die Bielefelder Selbsthilfe und die Initiative gegen Wohnungsnot und Stadtzerstörung eine ehemalige Gaststätte im Herzen von Bielefeld-Schildesche. Dieses Haus war zwar stark renovierungsbedürftig, aber wundervoll geeignet für die erste

Wohngemeinschaft von behinderten und nicht behinderten Menschen aus allen Generationen.

Das Abenteuer des neuen Wohnprojektes brachte Dich, lieber Klaus Dörner, zu uns nach Bielefeld. Im Herbst 1981 besuchtest Du die Baustelle, um gemeinsam mit der Oberärztin Anne Kunze zu überlegen, ob Deine Patientin, Frau H., mit diesen jungen Menschen des ambulanten Dienstes in die ehemalige Gastwirtschaft einziehen konnte. Frau H. hatte von ihren 80 Lebensjahren über 30 Jahre in psychiatrischen Kliniken verbracht. Nach ihrem Umzug blieb sie 17 Jahre bis zu ihrem Lebensende im neuen Wohnprojekt und mit ihr kam die regelmäßige Zusammenarbeit zwischen unserem Verein und den Westfälischen Kliniken Gütersloh. Zahlreiche Patienten wurden nun in ihre ehemalige Heimatstadt Bielefeld entlassen und von unserem ambulanten Dienst begleitet, der 1988 umbenannt wurde in Alt und Jung e.V. Ab Mitte der 1990er-Jahre begann dann – gemeinsam mit dem kommunalen Wohnungsunternehmen der Stadt Bielefeld (BGW) – der flächendeckende Aufbau neuer Wohnangebote und Stadtteilcafes für Menschen mit und ohne Hilfebedarf.

Bis heute bist Du ein gern gesehener Berater des Vereins und der BGW Bielefeld.

Seit der Zeit Deiner persönlichen Gestaltungsfreiheit, dem Un-Ruhe-Stand, hat sich unsere Zusammenarbeit intensiviert. Die Fülle Deines Terminkalenders durch die Vortrags- und Beratungsreisen ist beeindruckend. Bundesweit und darüber hinaus existieren Begegnungspunkte für die gemeinsame Idee. Du hast uns auf Tagungen, bei Werkstattgesprächen in Bielefeld und in Vorträgen deutlich gemacht, dass die Hilfe von Nachbar zu Nachbar, von Freund zu Freund geschehen muss, wenn eine Gesellschaft sich als verlässliche Gemeinschaft verwirklichen will.

Heute bist Du auch mit 80 Jahren noch als Nachbarschaftsarzt tätig und versorgst die Menschen mit heilenden Hinweisen und vermittelnden Ideen. Das passt gut zu uns Gemeindeschwestern und Wohnviertelsozialarbeitern. Ich wünsche uns weitere Jahrzehnte der stets bereichernden Zusammenarbeit.

Anne Fischer-Buck, Norderstedt
Franz-Fischer-Gesellschaft und Anne Fischer Verlag

Das Dritte in der zwischenmenschlichen Beziehung

> *»Über das Geheimnis des Dritten*
> *denke ich nun viel nach.«*
> Klaus Dörner, 2010

Lieber Herr Professor Dörner,
als Sie vor zwei Jahren, eingeladen von der Franz-Fischer-Gesellschaft e.V. und der Vicelin-Kirchengemeinde in Norderstedt, mir an der Tür des Saales entgegenkamen, ahnte ich nicht, welche Ermutigung diese Begegnung mir bedeuten würde. Mit Ihrem Vortrag begeisterten Sie uns Hörer mit Ihrem erfolgreichen Kampf für die Schwachen unserer Gesellschaft in der Psychiatrie und in Altersheimen. Für mich aber geschah noch mehr: Ich spürte, dass Sie dem Sinn Ihrer Lebensaufgabe auf die gleiche Weise gefolgt waren, wie sie mein Mann, der Bildungs-Philosoph Franz Fischer (1929-1970) als »Sinn des Mensch-Seins« entdeckt, gelebt und gelehrt hatte.

Da wir Ihren Vortrag im nächsten »Franz-Fischer-Jahrbuch« abdrucken wollten, übergaben Sie mir Ihr handschriftliches Redemanuskript mit den Worten: »Sie können es ruhig ergänzen, wir sind ja auf der gleichen Linie, aber ich schreibe mit Abkürzungen.« Was für ein Erlebnis kam da auf mich zu! Bei meinem Abgleich einer weitgehend unverständlichen Videoaufnahme und der schwer lesbaren Handschrift entfaltete sich vor meinem inneren Auge Ihr therapeutischer Weg in der Entsprechung zu meinem bildenden Weg, wobei Emmanuel Lévinas bei Ihnen und Franz Fischer bei mir Pate standen.

Im »Antlitz« (Lévinas) eines Langzeitpatienten trifft Sie das Elend der Fremdbestimmtheit und Sie handeln mit vollem Risiko, ohne wissenschaftliche Sicherheit. Nach 17 Jahren haben Sie die 435 Langzeitpatienten einzeln oder in Gruppen in eigenen Wohnungen untergebracht – »und es geht ihnen gut.« Nun aber kommt die Wechselseitigkeit und die Bedeutung einer Aufgabe nach Franz Fischer ins Spiel und ein Patient sagt Ihnen, fast auf gleicher Augenhöhe, mit Weisheit und Humor, dass Sie selbst ein solches Dasein nur mit der Selbstbestimmung in eigener Wohnung keine 14 Tage aushalten würden. Sie handeln wieder, immer noch ohne wissenschaftliche Forschungsergebnisse auf diesem Gebiet, rein aus der gespürten Notwendigkeit heraus, und schaffen Arbeitsmöglichkeiten für Ihre Patienten.

Und erst nach diesen empathischen mitmenschlichen Erfahrungen beginnen Sie als Pensionär, in der neuen »Situation« (Fischer) mit einer anthropologischen Faktensammlung – Grundlage objektiver Wissenschaftlichkeit. So wird Wissenschaft eingebunden in mitleidende Betroffenheit und bestmögliches proflexives Handeln (Fischer) und hilft, das Menschliche zu verwirklichen. Es kommt zum grundlegenden Umdenken. Als Erstes erkennen Sie, dass der viel beklagte demografische Wandel das Geschenk einer dritten aktiven »helfensbedürftigen« Generation enthält. Sie finden in zehn Jahren rund 1500 ganz verschiedene »Experimentierfelder« (Claude Lévi-Strauss) der Bürgerinnen und Bürger, die Würde des Alters gegen eine Entpersönlichung im Altersheim zu verwirklichen.

Sie schlossen Ihre Norderstedter Rede mit einem Briefzitat von mir: »Ich gehöre in meine Wohnung, denn ich höre in meinen vier Wänden die Stimmen der Dinge, die meine Freunde sind.« Und Sie sagten dazu: »Das ist Transzendenz, das Dritte der Dinge und das Dritte des Anderen.« Das heißt: Mitmenschlichkeit und Liebe zu den Dingen können zur neuen menschlichen Umweltbeziehung führen. Und weiter: Die gleichen Sinnstufen in Therapie und Bildung verbinden von vornherein alle Menschen zur echten »Inklusion«.

Für diese Bestätigung meiner jahrzehntelange Übertragung der Sinn- und Bildungsphilosophie in moderne Bildungspraxis und für die neue Weite des Blickes danke ich Ihnen von ganzem Herzen und wünsche Ihnen zu Ihrem Geburtstag, dass Sie noch lange aus dieser Kraftquelle für sich und andere schöpfen können.

Ihre Anne Fischer-Buck

Meinem Mentor zum 80. Geburtstag

»Auf dem Wege hier zum Podium ist mir eingefallen …« – dies ist als leicht vernuschelter Anfang eines nachträglich als bedeutsam erkannten Redebeitrags eine meiner frühen Erinnerungen an Dich, lieber Klaus. Das war auf dem Kongress »Heilen und Vernichten im Mustergau Hamburg«, Mitte 1983, wo sich nicht nur bei mir, glaube ich, so ein eigenartiger Spannungszustand einstellte. Was wird er jetzt wohl sagen und wird er wohl das Thema treffen? Natürlich legte sich dieser Spannungszustand, als Du dann Deine in Deinem Medizinstudium noch unkritische Haltung gegenüber Deinem Lehrer Bürger-Prinz, dessen Aktivitäten in der NS-Zeit gerade referiert worden waren, öffentlich machtest. Diese Deine Art, ganz persönliche Überlegungen oder Erfahrungen in den Kontext hoch brisanter medizinethischer Fragen zu stellen, auch Deine Wechsel von einer oft ganz unkonventionellen Ausdrucksweise in eine dann wieder wissenschaftliche Sprache, bewundere ich nicht nur, sondern sie hat mich auch in vielerlei Hinsicht inspiriert und weitergebracht.

»Wir sind wie sie« war eine Aussage der Arbeitsgruppe »Holocaust und Psychiatrie« auf der DGSP-Tagung in Rickling 1979, und wir jungen Berufsanfänger in der Gruppe – ich war damals gerade mit meinem Psychologiestudium fertig, aus dem ich Dich nur als Autor des Buches »Bürger und Irre« kannte – haben diesen Satz, wenngleich natürlich die ganze Gruppe in dieser Weise diskutierte, Dir zugeschrieben. »Wir sind wie sie« stand für die Ambivalenz, heilend handeln zu wollen und sich dann bei Aussichtslosigkeit zur Vernichtung verführen zu lassen. So leicht ist es nicht, hast Du schon damals immer betont. Mit dem Finger auf die Täter zu zeigen und zu behaupten, dass wir damit nichts mehr zu tun hätten, geht nicht, wenn man anfängt selbstkritisch nachzudenken. Der Gedanke, sich bei der Aufarbeitung der Psychiatrie im Nationalsozialismus stets auch selbst zu überprüfen, konnte aus Sicht der heutigen Nachbetrachtung ja eigentlich auch nur von jemandem kommen, der so wie Du Psychiatrie und Geschichtswissenschaften in einer Person zusammenbringt. Danke dafür, nicht nur, weil dieser Gedanke viele weitere Entwicklungen ausgelöst hat, sondern auch für mich ganz persönlich der Ausgangspunkt etlicher Beschäftigungen mit der NS-Geschichte war.

Dieser Gedanke stand auch bei der von Dir mitinitiierten Gründung des bis heute aktiven Arbeitskreises Euthanasieforschung Pate und war die Basis dafür, im Arbeitskreis nicht nur historiographische Forschungen zu befördern, sondern auch dafür, immer wieder die Linien zur aktuellen Entwicklung auszuziehen. Hier setzt eine andere ganz persönliche Erinnerung an Dich ein. Es ist die Erinnerung an Rauchschwaden, die ich damals noch gerne in einem Zugabteil in Kauf nahm, wenn wir beide mal wieder zu irgendeiner Tagung des Arbeitskreises fuhren und nur im Zug Zeit hatten, mal ausführlich über die eine oder andere Aktion zu sprechen. Nicht nur unser Appell zur Entschädigung der Opfer der Zwangssterilisation, auch die späteren Memoranden zur Lebensunwert-Diskussion und zur Bioethikkonvention, die Grafenecker Erklärung, habe ich mit Dir unter solchen, heute ja kaum mehr vorstellbaren Bedingungen heiß diskutiert. Ich höre Dich schon sagen, dass ich mal darüber nachdenken sollte, ob solche Bedingungen solchen Projekten nicht doch sehr förderlich sind und man in den heute steril durchgelüfteten Räumen kaum mehr denken könnte. Aber das besprechen wir, glaube ich, mal nach Deinem 80. Geburtstag.

Ob Nebel oder nicht, das Wichtigste ist für mich Deine so wunderbar förderliche Art, immer präsent zu sein, aber mir, wie vielen anderen im Arbeitskreis einfach Raum gegeben zu haben, etwas zu machen, zu übernehmen, sich zuzutrauen. Selbst als es um so populäre Aktionen ging wie die Übergabe von Tausenden von Unterschriften an Frau Süssmuth oder die öffentliche Forderung, eine Enquete-Kommission zur Ethik in der Medizin einzurichten, meintest Du meist: »Mach mal, ich kann ja, wenn Du willst, mitkommen.« Diese unkomplizierte und unprätentiöse Art liebe ich an Dir. Und ich glaube auch, dass Du deshalb so viele Impulse in vielen Bereichen gesetzt hast, – viel mehr als in diesem kurzen Grußwort zu erfassen sind –, weil Du in diesem Sinne wirklich ein großer Mentor bist.

Vieles, was den Namen Bürgerbewegung verdient, setzen wir um

Was tun, wenn der Terminkalender die Teilnahme an einer Veranstaltung mit Prof. Dörner nicht erlaubt? Wir riefen wir ihn an und baten um Wiederholung – in unserem Hamburger Hospiz e.V., bestehend aus stationärem Hospiz, Beratungsstelle, Hospizdienst und Öffentlichkeitsarbeit. Unsere Begründung hielt seiner Plausibilitätsprüfung stand. Auch das Entgelt, bestehend aus allerlei Dank und Segen, brachte ihn nicht ins Wanken.

Der 2009 ersehnte Vortrag: »Schöner sterben mit Sterbebegleitung?« verhieß eine kritische, brisante Selbstreflexion – und wurde es. Elektrisiert von seiner visionären Klarheit, luden wir ihn 2010 erneut ein, diesmal unter dem Titel: »Medizin Mensch – Wann ist der Mensch dem Menschen die beste Medizin?«
Auch 2011 wollten die Hospizbürger/innen weitere ermutigende Worte hören. Das Thema: »Von Meilen- und Stolpersteinen – Zehn Jahre Hamburger Hospiz im Helenenstift, 20 Jahre Hamburger Hospiz e.V.« lag in guter Tradition der Hamburger Hospizler/innen. In 2012 packte uns der Übermut, als wir um den Vortrag baten: »Die Befreiung vom professionellen Helfer – Zu Risiken und Nebenwirkungen des Hauptamtes fragen Sie Ihren Bürgervertreter«. Auch dieser ermutigte die Hospizbürger/innen und die professionellen Helfer/innen, sich an die Wurzeln der Hospizarbeit zu erinnern.

Warum erschien uns eine mehrjährige Vitaminkur durch Klaus Dörner sinnvoll? Während das Ehrenamt im stationären Hospiz von Anfang an fürsorglich für den Erkrankten und seine Familie tätig war, hatten die Hospizkoordinator/inn/en Mühe, die ambulanten Hospizbürger/innen an den Ort der Not zu vermitteln. Mit zunehmender häuslicher Palliativversorgung erlebten wir 2009 eine neue

Offenheit. Diese Wende berührte das Selbstverständnis der Hospizbürger/innen. Es lohnt innezuhalten, wenn Professionelle entscheiden, wer – und wer nicht – der Unterstützung bedarf. Die Hoffnung, wir Hospizbürger/innen mögen »schwierige« Patienten und Angehörige beschwichtigen und das Hauptamt entlasten, sind so nicht erfüllbar. Wenn am Lebensende Erkrankte in ein Pflegeheim anstelle eines Hospizes verlegt werden, gilt es kritisch hinzuschauen, in wessen Interessen das ehrenamtliche Tun noch steht. Wollen wir Hospizbürger/innen unserem Auftrag treu bleiben, muss die Reflexion der Hospiz- und Palliativarbeit Teil der ehrenamtlichen Arbeit sein. Was können wir tun, um in Solidarität mit Schwersterkrankten und Trauernden ihre Selbstbestimmung zu ermöglichen? Prof. Dörner einladen und sich seiner Unbestechlichkeit auszuliefern schadet nicht – im Gegenteil! Es sind seine Vorträge, die anregen, sich kritisch zu hinterfragen.

Doch Gründe für eine umfassende Schelte gibt es im Hamburger Hospiz e.V. nicht! Vieles, was den Namen Bürgerbewegung verdient, setzen wir um: Über Austauschrunden oder Veranstaltungen erhält das Hauptamt die Rückmeldung, ob wir im Sinne der Hospizbürger »voranpreschen« und »hospizliche« Wege ebnen. Es sind die Ehrenamtlichen, die mit den Bürger/inne/n ins Gespräch kommen und sie in die Bürgerbewegung integrieren. Unsere Tür ist für die Nachbarschaft stets offen.

Die Rückbesinnung auf die Wurzeln und das Wissen der Hospizbürger/innen ist notwendig. Beides gibt Orientierung und Kraft. Auch dies gehört zu den Denkanstößen, die uns der Professor gibt. Wir Hospizbürger/innen vergegenwärtigen uns immer wieder: Es gilt, an der eigenen Unwissenheit festzuhalten, um den Findungsprozess der Abschiednehmenden nicht zu stören. Die Leistung bleibt, zu begleiten und den Betroffenen kraftgebende Selbsterfahrung zu ermöglichen. Dieses kostbare Beziehungsangebot wirkt enttabuisierend und schafft mehr Menschlichkeit.

Begegnungen mit Klaus Dörner

1976, zu Beginn meiner beruflichen Tätigkeiten, hörte ich von einem damals jungen und »modernen« Psychiater namens Klaus Dörner, der aus der Schule von Prof. Dr. Hans Bürger-Prinz stamme. Hierzu muss man wissen, dass Bürger-Prinz als Inbegriff der Nervenheilkunde in Hamburg galt. Bereits in meiner Kindheit hörte ich »Wenn du spinnst, kommst du zu Bürger-Prinz«. Klaus Dörner hat sich später differenziert mit der Rolle seines Hamburger »Lehrmeisters« im Nationalsozialismus auseinandergesetzt.

Klaus Dörner wurde 1980 selber Chefarzt, der sich in Gütersloh sehr um die in der Langzeitpsychiatrie des damaligen Landeskrankenhauses untergebrachten Menschen kümmerte. Sein Buch »Ende der Veranstaltung. Beginn der Chronisch Kranken Psychiatrie« zeigt diese Entwicklung auf.

Erst in den 1980er-Jahren traf ich ihn während meiner Tätigkeit bei der damaligen Hamburger Behörde für Vormundschaften und Pflegschaften persönlich. Es war beim Vormundschaftsgerichtstag in einer von ihm moderierten Arbeitsgruppe zur Integration psychisch kranker Menschen in die Gesellschaft. Seine Gedanken imponierten mir derart, dass ich ähnlich arbeiten wollte. Beeindruckend war er für mich deshalb, weil er nicht nur lehrte, sondern sich sehr mit den betroffenen Menschen beschäftigte. Ein chinesisches Sprichwort sagt: »Willst du etwas wissen, so frag die Erfahrenen und nicht die Gelehrten«. Bei Klaus Dörner ist es so, dass sich bei ihm beide Eigenschaften in einer Person vereinen.

Die nächste Begegnung erfolgte, als er sich seit ca. 2000 an die Spitze der Bewegung »Enquete der Heime« stellte. Ich wechselte bereits 1991 in die Leitung einer stationären Altenpflegeeinrichtung. Zwar sah ich meinen Arbeitsplatz nicht in Gefahr, hielt und halte aber die Idee von der Abschaffung der Heime gestern, heute und morgen für abwegig. In einem Vortrag in Hamburg gipfelte Dörners Denkweise in dem Vorschlag, die Bürger jeder Straße sollten künftig ihre eigenen Pflegebedürftigen versorgen. An dieser Stelle habe ich mich gefragt, ob er nun senil-konfus geworden sei? Inzwischen soll die Zeit bis zur Abschaffung der Heime bei ihm ja auf »vielleicht 100 Jahre« gewachsen sein.

Die späteren Begegnungen haben mein Bild von ihm wieder positiv beeinflusst. Bei Veranstaltungen der »Stattbau Hamburg« zum Thema Senioren hatten wir im näheren Gespräch viele Gelegenheiten, mehr voneinander zu erfahren. Dazu gehörte, dass er in den 1960/70er-Jahren als Anwohner des damaligen Altenheims St. Markus dieses in seiner Nachbarschaft nicht als stationäre Einrichtung wahrnahm. Es war der Bebauung zuzuschreiben, die das Altenheim harmonisch in die Mietwohnbebauung einpasste. Ein weiteres Beispiel war seine Anerkennung für unsere Anstrengungen, ambulant und stadtteilorientiert zu wirken. Neue Wohnformen, wie Wohngemeinschaften für an Demenz erkrankte Menschen, finden jetzt seine Anerkennung.

Als ich 2012 den Mut fasste ihn zu fragen, ob er am 50jährigen Jubiläum der Einrichtung St. Markus auf einer Fachtagung teilnehmen würde, sagte er spontan und erfreut zu. Gegenüber dem Thema »Kundenzufriedenheit« wurde allerdings sein Vorbehalt deutlich: »Igitt, davon halte ich überhaupt nichts.« Trotz dieser Bedenken freute er sich auf eine »muntere Veranstaltung«. Diese fand wie geplant statt, und es ergab sich wieder die Frage nach der Existenzberechtigung der stationären Altenpflegeeinrichtungen. Auf der Tagung konnte ich mich des Gefühls nicht erwehren, dass offenbar viele der Teilnehmenden in der Diskussion Klaus Dörner nicht widersprechen mochten. Wer will schon gegen ein »Denkmal« anreden! Auch in dieser Veranstaltung war zu spüren, dass alle Teilnehmenden ihm sehr gerne zuhörten. Er wohnt inzwischen wieder im gleichen Quartier wie damals. Seine Wohnung ist etwa drei Kilometer entfernt. Diesen Weg nahm er mit schwerer Aktentasche auf sich – zu Fuß!

Günter Feuerstein, Hamburg
Universität Hamburg

»Man könnte es aber auch genau andersherum denken«

Es war im Jahr 1996, als ich von Klaus Dörner einen Anruf bekam. Bis dahin kannte ich ihn nur aus der Literatur und aus Erzählungen von Kollegen, die als Ärzte in der Psychiatrie tätig und ihm in großer Verehrung verbunden waren. Ich selbst arbeitete zu jener Zeit als Soziologe an der Fakultät für Gesundheitswissenschaften der Universität Bielefeld und bediente dort zwei Lehrgebiete, die nicht gerade im Zentrum meiner Kompetenz lagen: das eine wegen einer Lehrstuhlvakanz, das andere, weil es sonst niemand anbieten wollte. Letzteres trug den Titel: Ethik im Gesundheitswesen.

Hintergrund seines Anrufs war sein Engagement gegen bioethische Begründungsversuche und biopolitisch motivierte Vorstöße, die aufwendige und kostenintensive Behandlung von Patienten im Wachkoma vorzeitig zu beenden. Die Gesundheitspolitik war von der Vorstellung der »Kostenexplosion« des medizinischen Systems geprägt und suchte nach »Lösungen«. Man fing an, von der Priorisierung des Leistungsangebots zu sprechen. Es ging also schlicht um Einsparungen. Fragen des medizinischen Behandlungsabbruchs waren zur damaligen Zeit in Deutschland allerdings noch ein hochsensibles Thema, das gerne vermieden oder umgangen wurde. So entstanden im politischen Raum Überlegungen, das Wachkoma-Problem jenseits medizinischer Interventionen oder Unterlassungen zu handhaben – durch den Entzug der Nahrung für die scheinbar schon ihrer Wahrnehmung, ihres Empfindens und ihres bewussten Lebens beraubten Patienten. Der Aufschrei der Empörung, den eine Gruppe von Medizinern, Wissenschaftlern und gesundheitspolitisch Engagierten um Klaus Dörner laut werden ließ, fand auch medial große Beachtung. Und er führte über Umwege zur Bewilligung von Forschungsmitteln für eine kritische Reflexion der Bioethik.

Das federführende Ministerium wollte mit der Förderung allerdings gleich noch ein weiteres Anliegen bedienen: die Unterstützung der im Aufbau befindlichen Fakultät für Gesundheitswissenschaften. Dort sollte die Forschungsarbeitsgemeinschaft »Ethik der Gesundheitsversorgung« angesiedelt werden und nur deshalb wurde ich für Klaus Dörner zum Ansprechpartner. Er war sehr freundlich – aber auch sehr bestimmt. Vor allem ließ er anfangs erhebliche Zweifel daran erkennen, ob die Sache unter meiner Leitung nicht in die falsche Richtung laufen würde. Trotz gelegentlicher inhaltlicher Differenzen glaube ich aber, dass wir in der mehrjährigen Zusammenarbeit zu guten Resultaten gekommen sind. Ich jedenfalls habe viel von ihm gelernt.

Das hat sich auch in den folgenden Jahren fortgesetzt, als wir beide noch Pendler zwischen Bielefeld und Hamburg waren. Während einer unserer zufälligen Begegnungen in der Bahn suchten wir nach einer Erklärung, warum die Psychiatrie so ist, wie sie ist, und warum auch wohlmeinende Akteure die veralteten Strukturen immer wieder aufs Neue reproduzieren. Mit der Interpretation, die wir dafür gefunden haben, schienen wir beide recht zufrieden zu sein. Nach einigen Minuten stillen Nachdenkens kam von Klaus Dörner jedoch der für ihn typische Satz: »Man könnte es aber auch genau andersherum denken«.

Daran habe ich mich viele Jahre später während unseres Vorbereitungsgesprächs zur Hamburger Jahrestagung der Akademie für Ethik in der Medizin 2012 wieder erinnert. Klaus Dörner hatte es mir überlassen, das Thema seiner Eröffnungsrede zu formulieren, weil es für ihn einfach eine größere Herausforderung wäre, auf fremde Vorstellungen reagieren zu müssen. Vorsichtshalber wollte ich mich aber telefonisch rückversichern, ob das »gestellte« Thema für ihn auch in Ordnung sei. Er hatte damit keinerlei Probleme – kündigte aber an, dass er es in einer Weise interpretiere, die sich mit meiner Intention wahrscheinlich nicht decke. Nach diesem Gespräch wurde ich den Eindruck nicht los, dass ich das Thema auch hätte ganz anders stellen können. Klaus Dörner hätte es ohnehin andersherum gedacht.

»Drum bindet mich in eure Welt mit ein!«

Lieber Herr Dörner,
es musste erst der Ökumenische Kirchentag in München 2010 stattfinden, um Sie, der in Hamburg wohnt, und mich, den Stader, in
Kontakt zu bringen. Im »Zentrum der Älteren« hörte ich Ihren
Vortrag, der bei mir voll ins Schwarze traf.

Ich war nämlich auf der Suche nach einem Referenten für eine
besondere Veranstaltung. Die Diakoniebeauftragten im Kirchenkreis
Stade planten damals einen »Kongress«, der einen neuen Anschub
für die Arbeit mit alten Menschen in den Kirchengemeinden geben
sollte. Nur Kaffee trinken und Dias angucken ist für die Arbeit mit
alten Menschen in den Kirchengemeinden keine Perspektive. Also
war ich froh, in Ihnen einen kompetenten Referenten gefunden zu
haben – falls es mir gelingen würde, Sie für Stade zu begeistern. Und
siehe da, es hat geklappt.

Am 26. März 2011 fand also diese Veranstaltung unter dem Titel
»Wenn ich einmal alt bin« statt. Vertreter von Diakonie,
Pflegediensten, Hospizarbeit, Kirchengemeinden, Initiativen und
interessierte Einzelpersonen hatten im Pastor-Behrens-Haus eine
bunte und beeindruckende Ausstellung ihrer Arbeit aufgebaut. Das
Hauptreferat an diesem Tag lag bei Ihnen. Ihr Vortrag begann mit
der Frage: »Wie viel Zeit habe ich?« Meine etwas naive Antwort:
»Alle Zeit der Welt.« Aber so lang wurde es dann doch nicht. Wir
haben es geschafft, Sie zu bremsen und dennoch die Hauptanliegen
Ihres Buches »Leben und sterben, wo ich hingehöre« mitzuerleben.
Ihr Vortrag war eingebettet in eine Reihe weiterer Darbietungen.
Eine davon ist die »Neuvertextung« des alten Liedes »Wenn ich ein-
mal reich wär'« aus dem Musical Anatevka.

Wenn ich einmal alt wär' o je wi di wi di wi di wi di wi di wi di

Lieber Gott, schick uns die Medizin, /
die Krankheit haben wir schon!
Ich will mich ja nicht beklagen, /
aber mit deiner gütigen Hilfe, o Herr,
nimmt uns keiner mehr ernst.
Ei, du hast viele, viele alte Leute erschaffen!
Ich sehe natürlich ein, / dass es keine Schande ist, alt zu sein!
Was wäre denn so furchtbar daran,
wenn man uns die Lust am Leben ließe!?

Neben vielen weiteren Versen geben zwei genau das wieder, was Sie
in Ihrem Vortrag hervorgehoben haben:

Bin ich für euch auch eine große Bürde, /
trotz Essenshilfe und Hygieneassistenz.
Ich behalt das Recht auf meine Würde.
Ich bin zu jung, um ohne Wunsch zu sein, /
zu alt, um nur bespielt zu werden.
Drum bindet mich in eure Welt mit ein!

Geplant war dieser Tag als eine Auftaktveranstaltung. Die
Einrichtungen und Initiativen sollten anschließend, nachdem sie sich
kennengelernt hatten, möglichst vernetzt weiter arbeiten. Aber dies
war – anscheinend – ein frommer Wunsch. Am Ende des Tages waren
alle zufrieden mit den Begegnungen, neuen Ideen und Informationen.
Von Aufbruch war nicht die Rede.

Aber später, im Herbst 2012, entwickelten sich unabhängig voneinander in zwei Stadtteilen der Hansestadt Stade Initiativen, die
haargenau dieses Ziel im Blick haben: Nicht für alte Leute etwas tun,
sondern sich auf die Suche machen nach neuen Lebens- und
Begegnungsformen zwischen Jung und Alt.

Ist diese erfreuliche Entwicklung ein Ergebnis der Veranstaltung
im März 2011?

Das will ich mal glauben. Ich bin froh, dass wir uns auf dem Kirchentag in München begegnet sind. Ich bewundere Ihren Elan und Ihre Energie und wünsche noch vielen anderen Menschen, dass sie sich von Ihrem Geist anstecken lassen.

Vielen Dank für Ihren unermüdlichen Einsatz für mehr menschliche Würde und Nähe.
Herzlichen Glückwunsch zum Geburtstag!

Die Energie Ihres Vortrags und der Beiträge der Teilnehmenden ist in einer Dokumentation zu spüren, die die Verwaltungsmitarbeiterin Christine Leonard erstellt hat. Sie schließt sich diesen Wünschen gerne an.

Uwe Gonther, Bremerhaven
Klinikum Bremerhaven

Ein Nachmittag mit Klaus Dörner

Am 4. Oktober 2012 holte ich ihn am Bahnhof Bremerhaven ab. Zur Begrüßung sagte er: »Schlau haben Sie das gemacht, sich ganz ans Ende des Bahnsteigs zu stellen, da hab ich Sie gleich gesehen.« Tja, fand ich auch echt clever von mir.

Erstmals begegneten wir uns 1989, obwohl ich ihn von Vorträgen über »Medizin im Nationalsozialismus« und aus »Irren ist menschlich« schon länger kannte. Im Sommer 1989 verbrachten Kirsten und ich sechs Wochen in Gütersloh. Es ist angenehm, ihn wieder zu treffen, fühle ich mich in seiner Gegenwart sofort wieder wie ein Student. Jedes Mal bin ich von seiner Aura und seiner Intelligenz beeindruckt. Dabei trägt er seine Weisheit nicht vor sich her. Er versteckt sie auch nicht, tarnt sich höchstens. Es ist die besondere Art, wie er einen anschaut. Dann habe ich das Gefühl, er könne Gedanken lesen. Ich starte einen Satz und spüre, wie er schon weiß, worauf ich hinauswill. Manchmal provoziert mich das, will noch abbiegen oder mich selber überholen. Lande dann, sagen wir mal, bei steilen Thesen oder in Sackgassen. Als ich ihm berichtete, ein Regionalbudget verhandeln zu wollen, steigerte ich mich in die Idee, wir sollten das Gesundheitswesen verstaatlichen, mindestens die Psychiatrie, hinweg über alle Sozialgesetzbücher. Damit gelang es mir, ihn ganz kurz zu überraschen, er lächelte. So läuft ein Gespräch ab zwischen Klaus Dörner und mir.

In Gütersloh, Anfang der 1990er-Jahre, sprachen die älteren Assistenten zur Warnung der Neuen vom »Dörnern«, soll heißen, er motiviere Menschen, mehr für die gerechte Sache zu tun, als die aus ihrer (gesunden?) Bequemlichkeit tun wollten. Frisch »gedörnert« verbrachten wir Abende und Wochenenden in diversen Arbeitsgruppen, bei Freizeitaktivitäten mit Patientinnen und Patienten oder warben bei Nachbarn, Wohnraum zu vermieten. Wie gelang ihm dieses besondere Motivieren? Es war kein Psychotrick, vielmehr be-

herrscht er eine alte Kunst: die »Wesensschau«. Seit Dörner/
Plog/Devereux gehen wir davon aus, in den anderen Menschen nicht
hineinsehen zu können. Das stimmt, aber nicht in jedem Fall. Dörner
kann es. Zumindest ich habe das Gefühl. Dieses »In die Seele blicken« führt zur Mobilisation von Energien im Gegenüber, manchmal
werden daraus Taten, manchmal verstärkt es die Abwehr.

An diesem kalten und grauen Nachmittag hielt er einen zweistündigen herzerwärmenden Vortrag »Wie macht Psychiatrie heute
Sinn«? Über theoretische und philosophische Aspekte ihrer Weiterentwicklung. Musterhaft kam er von Aristoteles und Kant auf die
Industriegesellschaft zu sprechen und darüber hinaus in den »Dritten
Sozialraum«. Für die Dienstleistungsgesellschaft zeigte er, dass der
Verteilung von Arbeit und Zeit eine immens große Bedeutung
zukomme. Gerade hier bestünden vielfältige Einsatzmöglichkeiten
für Experten aus Erfahrung. Dies bestätigte unsere Entscheidung, in
allen Teams Genesungsbegleiter/innen regulär zu beschäftigen. Seit
»Bürger und Irre« zieht sich durch seine Werke die Idee der Balance
großer historischer Bewegungen und individueller Handlungs-
möglichkeit. Wobei sein protestantisches Arbeitsethos manchen auch
bedrückt. Wer ihn kennt, weiß, auch er ist zum Entspannen begabt,
bei Kaffee und Kuchen im schönen Eppendorf oder während der
Ausflüge nach Australien. Dort, auf der anderen Seite der Welt, gibt
es alle paar Jahre den Urlauber Klaus Dörner, der gemeinsam mit seiner lieben Ehefrau die dortige Tier- und Pflanzenwelt studiert und
unter Aborigines und weißen Australiern nicht-psychiatrische
Freundschaften pflegt.

Nach dem Vortrag brachte ich ihn zum Zug, wir winkten, als er
davonfuhr. Hinter der Scheibe sah ich die wachen Augen, das weiße
Haar, die dunkle Lederjacke. Bis zum nächsten Mal, großer
Zauberer.

Die Sache mit der Postkarte

Manche Menschen beeinflussen mit ihrem Wirken ein Projekt, eine Idee sehr nachhaltig.

So war es mit Sicherheit auch bei uns in Bremervörde mit Klaus Dörner, wenn auch zu dem Zeitpunkt nicht bewusst!

Der TANDEM e.V., 1993 gegründet, hat in Klaus Dörner einen dieser Wegbegleiter, auch wenn er, bis zu seinem ersten Besuch im Jahr 2006 bei uns im Herzen des Elbe-Weser-Dreiecks – besser bekannt als das nassen Dreieck –, wohl nichts von unserer Existenz wusste!

Selbstverständlich kannten einige Akteure der ersten Stunde Klaus Dörner durch seine Veröffentlichungen, haben sich zum Nachdenken und vielleicht auch zum Umdenken anregen lassen.

Als es uns gelang, für 2006 die Ausstellung »Zeige Deine Wunde – befreiende Kunst« nach Bremervörde zu holen, war klar, dass ein angemessenes Rahmenprogramm nicht fehlen durfte. Wenn wir schon eine so große Ausstellung mit über 150 Exponaten, auf fünf Örtlichkeiten unserer Stadt verteilt, organisiert bekommen! Die Stadt selbst sollte Ausstellungsort sein, nicht nur ein Ort in der Stadt. Und da war sie, die Idee, das Zutrauen, Klaus Dörner in die Provinz zu locken!

Eine Art Ritterschlag könnte es werden für unsere emsige Arbeit vor Ort, oder aber auch niederschmetternde Kritik. Auf jeden Fall versprach diese Idee eine spannende und besondere Herausforderung!

Und dann war alles ganz einfach, so herrlich unkompliziert und direkt. Wir telefonierten und schon war ein Termin verabredet!

So einfach? Ja. Kein schriftlicher Vertrag, etc. Hier galt das Wort! Wir bekommen in unserer Arbeit keine Postkarten, lediglich Ansichtskarten aus dem Urlaub, einer Kur, etc. Wäre da nicht Klaus

Dörner, der auf diese so liebenswürdige Weise Termine bestätigt und Details klärt.

Raucherbereiche in Kneipen und Restaurants gehören sicherlich nicht zu meinen Lieblingsorten, aber für Klaus Dörner habe ich gerne eine Ausnahme gemacht, spürte ich doch, wie wichtig diese Zeit des Genusses vor der Veranstaltung für ihn war!

Würde es Klaus Dörner gelingen, in Bremervörde eine größere Zuhörerschaft mit seinen Gedanken zu erreichen, würde er verständlich, auch für »Laien«, sein?

Die Menschen kamen, Klaus Dörner erreichte sie. Sein Vortrag machte betroffen, nachdenklich, bestärkte und machte Mut. Wir haben nachhaltig davon gezehrt!

Für uns war es aber vor allem wohl doch eine Art Ritterschlag, ein ehrlich gemeinter!

Selbstverständlich wollte er im Vorfeld alles über unsere Arbeit wissen, wir nahmen uns am Tag der Veranstaltung die Zeit, um uns gemeinsam ein wenig in unseren Projekten umzuschauen. Der Austausch, auch außerhalb des Offiziellen, tat gut und bestärkte!

Klaus Dörner kam wieder nach Bremervörde, mehrfach!

2013 feiern wir unser 20-jähriges Bestehen!

Wer stand auf der Wunschliste für unser Jubiläumsprogramm ganz oben? Natürlich Klaus Dörner.

Wer sagte am Telefon sofort zu und schickte als Bestätigung eine Postkarte (die erste Postkarte seit den Vorbereitungen seines letzten Besuches in Bremervörde)?

Wir erleben Klaus Dörner immer wieder als eine ganz besondere Bereicherung, hinterlässt er doch stets Spuren, provoziert zum Nachdenken, zum Widerspruch, zum Handeln!

In diesem Sinne wünschen wir Klaus Dörner, diesem liebenswerten und unruhigen Ruheständler, alles Liebe zu seinem Geburtstag und sagen nochmals Dank für all dass, was er uns mit auf den Weg gegeben hat, und für das, was er uns noch mit auf den Weg geben wird! Wir freuen uns auf die nächste Postkarte!

Sebastian Stierl, Lüneburg
Psychiatrische Klinik Lüneburg

The Times They Are A-Changin'

Klar, der Mann ist Kult. Mein Bob Dylan der Sozialpsychiatrie. Der hört auch nicht auf, mit seiner »never ending tour«. Und es gehört zu den glücklichen Umständen meines Lebens, so jemanden kennengelernt zu haben. Heute habe ich seine Telefonnummer in meinem Notizbuch und wenn ich ihn bitte, dann kommt er. Wie zu unserer Jahrestagung im Sozialpsychiatrischen Verbund vor zwei Jahren. Wie verabredet, stieg er aus dem Zug, der kleine, alte Mann mit seiner abgewetzten Lederjacke. Doch er schien gut drauf, der Gang war zielstrebig, die Zeit war knapp kalkuliert, 100 Leute warteten. Im Auto dann eine vorsichtige Warnung: er sei nicht so ganz frisch, der Zug aus dem Saarland sei letzte Nacht in Dortmund liegen geblieben, die Fahrgemeinschaft nach Hamburg so gegen 3:00 Uhr angekommen. Er könne auch nicht so furchtbar lange bleiben, weil er dummerweise am Nachmittag nach Lübeck müsse ...

Der Tagungsraum wird kurz umgebaut. Statt am Pult auf der Stirnseite zu stehen, sitzt er nun auf dem Tisch an der Längsseite, die Schar der Jünger dicht gedrängt, die Stühle zu ihm gedreht, teils auf dem Boden sitzend. Und er erzählt ... Dabei ist das Thema »Wie wir schwer chronisch Kranke im Landkreis versorgen« nicht in seinem momentanen Programm. Die De-Institutionalisierung gehört in den Lebensabschnitt »Gütersloh« (»Ende der Veranstaltung«). Aber das Paradigma »mit dem Schwerstkranken beginnen«, bleibt hoch aktuell – und problematisch. Ein bisschen spürt er die Vorarbeit, dass wir mit der Solidarität der Leistungsanbieter im Landkreis Harburg nicht bei Null anfangen, dass die gemeinsame Verantwortung tatsächlich Chancen eröffnet, wo jeder allein mit der Aufgabe überfordert wäre.

Schon nach wenigen Sätzen sind wir mit ihm unterwegs, zeigt er uns Möglichkeiten, stellt Fragen, provoziert mit Zuspitzungen. Es raucht in den Köpfen, die Unterscheidung zwischen Vision und

Wirklichkeit ist streckenweise anstrengend, aber dann beruhigt er wieder: das war jetzt eher aus der Abteilung »Utopie« ... Wie wohltuend es ist, sich nicht auf die Kritik des Bestehenden zu beschränken. Nicht, dass er die Widrigkeiten ignoriert oder verharmlost, aber immer geht es ihm um die Frage: Was ist möglich? Das Verstehen ist die eine Seite, die Ermutigung die andere. Das Menschenbild, die philosophische Dimension sind dabei Voraussetzungen zur Veränderung.

Klar und aufeinander aufbauend entwickelt er seine Idee von einer Psychiatrie ohne geschlossene Heime, vom »Bürger-Profi-Mix«, vom 3. Sozialraum. Und selbst der Duft der Erbsensuppe kann ihn nach zwei Stunden nicht bremsen. Die Idee von einer anderen, von einer besseren Welt fesselt die Aufmerksamkeit der überwiegend jüngeren Zuhörer. The Times They Are A-Changin' – Es kommen andere Zeiten ...

Ich räuspere mich vernehmlich, verweise auf den Fahrplan, schließlich wollte er sich ja noch »'n Stündchen aufs Ohr legen« – vor Lübeck ...

Klaus Dörner beeinflusst seit 40 Jahren mein psychiatrisches Denken. Bei zahllosen Anlässen habe ich ihm zugehört, »Irren ist menschlich« durchgearbeitet, einige seiner Bücher gelesen, die von ihm mit gegründete DGSP tatkräftig unterstützt, mich auch gestritten, meist aber versucht, den hohen Ansprüchen gerecht zu werden. Dass ich Leiter einer »Anstalt« geblieben und nicht mit einer Abteilung in die Gemeinde gegangen bin, gehört zu den nicht mehr einlösbaren Versprechen. Aber dass wir als ehemaliges LKH Lüneburg heute ein kommunalisiertes Krankenhaus sind, das sich mit zwei Kliniken für je einen Landkreis regionalisiert und vernetzt auf einem noch lange nicht endenden Weg befindet, daran hat er mehr Anteil, als viele denken – und er selbst glaubt.

Das aus dem Nichts heraus gewagte Abenteuer

Lieber Klaus

Gerade plante ich eine Veranstaltung für unser BlauHaus-Projekt mit einem Vortrag von Dir: „Heimfrei ins Dienstleistungsjahrhundert"; da bat mich der Paranus Verlag, zu schreiben, was mir zu Begegnungen mit Dir einfällt, was bei mir nachwirkt: Es ist es Deine Art, Dinge anzupacken; Du hast es selbst beschrieben – zum Jubiläum von „Irren ist menschlich" und der Psychiatrie-Verlags-Gründung (um das Buch „für Leute mit wenig Geld erschwinglich" zu machen): *„Hochmütig wie wir damals immer noch waren, rümpften wir die Nase und sagten uns, dass wir dann eben selbst einen Verlag gründen wollten. Bis heute bewegt mich diese Szene: Hat sich doch wieder einmal gezeigt, dass die großen und mächtigen Institutionen gerade deshalb auch schwerfällig und unbeweglich sind, während ein aus dem Nichts heraus gewagtes Abenteuer im Sinne der Selbsthilfe etwas leisten kann, was dem „großen Bruder" nicht möglich ist.*

Ein Abenteuer für mich in Bremen ist das Projekt *Blau-Haus – Gemeinschaftliches Leben, Wohnen und Arbeiten für Menschen mit und ohne Beeinträchtigungen,* das die Blaue Karawane seit 6 Jahren plant – ohne einen „großen Bruder". Natürlich soll es kein Heim werden. Ich freue mich auf Deinen Vortrag bei unserem Treffen im April 2013. Dein Bild vor Augen denke ich an einige unserer Begegnungen – rückwärts betrachtet: Die letzte war 2006 bei einem Vortrag bei Dir in der Karawane – ein halbes Jahr später wagten wir es erstmals, von unserer BlauHaus-Idee zu sprechen. Davor war eine lange Pause (mein DGSP-Austritt, die Querelen um die Blankenburg-Auflösung und um die Psychiatriereform in Bremen). 1985 war ich mit der Blauen Karawane im LKH Gütersloh, wo Du ärztlicher Leiter warst. Das war schwierig; die Blaue Karawane war nicht sehr willkommen und Du meintest, wir hätten das Geld lieber für den Aufbau einer Selbsthilfefirma verwenden sollen.

1980 war ich wenige Meter hinter Dir - bewegt von Deiner Rede zur Auflösung der Großkrankenhäuser – gerade warst Du neuer leitender Arzt in Gütersloh. Die Bonner Demonstration und der Auflösungsbeschluss der DGSP (Freiburg 1979) – nachhaltige Erlebnisse für mich – sind in meiner Erinnerung vor allem mit Dir verbunden. Dem „Auflösungsthema" verdanke ich den Wechsel vom LKH Schleswig nach Bremen/Blankenburg. Das war und ist für mich – Psychiatriereform hin oder her – beruflich und privat mein großes Glück. 1976/77 war ich als Anfänger im LKH Schleswig angesichts der Anstaltswelt ziemlich zaghaft, und es gab nur wenige, vor allem Rainer Nathow, mit denen ich mich solidarisch verbunden fühlen konnte. Die ersten Bücher („Psychiatrie und Klassengesellschaft" von Erich Wulff, „Bürger und Irre" von Dir) gaben einen Anstoß. Von Erich Wulff war ich bei meinem ersten Mannheimer Kreis '76 sehr angetan; mit Dir kam ich beim zweiten erstmals in Kontakt und in den folgenden Jahren häufiger. Ich wurde „hochmütiger" im LKH-Alltag. Mannheimer Kreis '78 in Rickling: Durch Dich wurde ich aufmerksam auf die Kontinuität der aktuellen Psychiatriegeschichte zur Psychiatrie im Dritten Reich mit der Vernichtung „unwerten Lebens", Zwangssterilisierung, Halbierungserlass und zur Geschichte davor. Ich lernte, Patienten und ihre *Behinderung* anders wahrzunehmen, ihnen als *Person* gegenüber zu treten. Die Erfahrungen auf den Verwahrstationen in Schleswig und später in Blankenburg haben mein Leben und meine Arbeit geprägt, wofür ich sehr dankbar bin („Der Auflösungsprozess muss bei den Schwächsten beginnen", „Der Mythos vom harten Kern"). Das hätte ich ohne Freunde, ohne die DGSP damals und ohne Dich so nicht erleben können. Heute führt die moderne Psychiatrie ein mehr oder weniger gemeindenahes, *exklusives* Dasein neben dem echten Leben. „Helfensbedürftig" hilft, den „dritten Sozialraum" zu pflegen und das „aus dem Nichts heraus gewagte Abenteuer" fortzusetzen. Danke für die Hilfe – am 12. April 2013 und an allen anderen Tagen. Abschließend: Neben Deinem Bild erscheint mir auch immer noch das von Ursula Plog, die ich ebenfalls sehr gern mochte.

Herzliche Grüße und alles Gute für Dich und Deine Familie   -   Dein Klaus

Alexander Künzel, Bremen
Bremer Heimstiftung

Sind wir nicht alle
ein bisschen helfensbedürftig?

Oh wie schön, lieber Klaus Dörner, sind die vielen gemeinsamen Jahre mit Ihnen! Ich habe sie nicht gezählt und doch hat das Zusammentreffen und Zusammen-Nachdenken mit Ihnen nicht nur bei mir persönlich, sondern in der Bremer Heimstiftung insgesamt, tiefe Spuren hinterlassen. Vielen in meinem Arbeitsfeld der soge-nannten »Altenhilfe« sind Sie ja zu radikal – erstmals kamen wir uns näher mit Ihrem Aufruf für eine Enquete zum Thema »Heime«. Die wurde in den Konsensmühlen der Deutschen Wohlfahrts-Diplomatie erst entschärft und dann letztlich ins Abseits geschoben.

Die Diskussionen, die um diese Enquete-Initiative entstanden, haben mir noch einmal die Augen dafür geöffnet, wie prägend und erdrückend letztlich über alles individuelle Bemühen hinweg die Macht der Institutionen ist.

Wahrscheinlich, nein ganz sicher, braucht es jemanden wie Sie, der die vornehme Sprache der Diplomatie bewusst verletzt und in einsei-tiger Parteilichkeit die Stimme für die Würde des Menschen, gerade auch des durch Einschränkungen verletzlichen Menschen, erhebt.
Die Entwicklung jedenfalls der Bremer Heimstiftung von einem tra-ditionellen Heimträger hin zu einem bunten Motor vielfältiger sozia-ler Netzwerke im Stadtteil wäre ohne Sie und Ihre sprichwörtlich genommenen Anstöße nicht zu denken.

Ich bin Ihnen dankbar, dass Sie auch in Gesprächen mit unseren vielen Mitarbeiterinnen und Mitarbeitern einen weiten Horizont auf-gerissen haben, der Lust auf mehr macht. Und gerade der Reichtum gewonnener Jahre im demografischen Wandel macht ein Konzept, das auf unser aller »Helfensbedürftigkeit« fußt, zu einer heiteren und hoffnungsfrohen Perspektive.

Jetzt liegt es an uns Praktikern, Ihren Ball aufzunehmen und dafür zu sorgen, dass Professionen jeder Couleur in sozialen und medizinischen Berufen sich ein Stück zurücknehmen und dennoch tatkräftig Netzwerke mit all den vielen helfensbedürftigen Menschen aufbauen.

Vielen Dank und Gottes Segen zu Ihrem achtzigsten Geburtstag wünscht sehr herzlich

Ihr Alexander Künzel
Vorstandsvorsitzender Bremer Heimstiftung
Sprecher Netzwerk SONG

Ermutigung

> »Wo *Gefahr ist,*
> *wächst das Rettende auch.*«
> Friedrich Hölderlin

Unser Verein »Evang. Seniorenhilfe Delmenhorst e.V.« wurde 1998 mit dem Ziel gegründet, älteren Menschen zu ermöglichen, so lange wie möglich in ihrem vertrauten Zuhause bleiben zu können. Um dies zu erreichen, vermitteln wir ihnen eine/r ehrenamtliche Mitarbeiter/in, die/der sie in ihrem Alltag bei den Tätigkeiten unterstützt, die ihnen schwerfallen, z.B. bei der Reinigung der Wohnung, beim Einkaufen, bei der Gartenarbeit, sie begleiten sie zum Arzt oder bei Behördengängen. Die Einsätze werden von einer hauptamtlichen Mitarbeiterin koordiniert. Dabei ist es uns ein besonderes Anliegen, dass zwischen den Senior/inn/en und den Mitarbeiter/inne/n eine persönliche Beziehung entsteht.

Das Angebot fand großen Zuspruch: Es fanden sich viele ehrenamtliche Mitarbeiter/innen, die in der Unterstützung der älteren Menschen eine sinnvolle Aufgabe sahen, und viele Senior/inn/en nahmen das Angebot dankbar in Anspruch.

Probleme gab es dann 2001, wie so oft, mit der weiteren Finanzierung der Arbeit. Die Fördermittel für die hauptamtliche Mitarbeiterin liefen aus, die Zukunft des Projekts stand infrage. In dieser verzweifelten Situation wandte sich Herr Pfarrer Wilder, Mitbegründer der Evang. Seniorenhilfe, am 1. Oktober 2001 brieflich an Prof. Dörner, weil ihn u.a. dessen Buch »Der gute Arzt« tief beeindruckt hatte. Er stellte ihm das Konzept unseres Vereins vor und schilderte ihm unsere schwierige Situation.

---

* An dem Text haben ebenfalls mitgewirkt Frau Katharina Baehr, 1. Vorsitzende der Evang. Seniorenhilfe Delmenhorst e.V., und Herr Harald Wilder, Pfarrer. i. R., Mitbegründer der Evang. Seniorenhilfe.

Bereits am 8. Oktober 2001 erhielten wir ein Antwortschreiben von Herrn Dörner, schon allein diese schnelle Reaktion, bei all seinen vielen Verpflichtungen und Aufgaben, war sehr ermutigend für uns.
Herr Dörner schrieb uns in seinem Brief u.a.: »*Es ist Ihnen offensichtlich in den letzten Jahren gelungen, eine Kostbarkeit zu entwickeln, die ihresgleichen sucht; ... schon heute realisieren Sie auf diese Weise ein Stück von dem, was wir gerne ‚Bürgergesellschaft‘ nennen: dass zwei Gruppen sich gegenseitig Bedeutung vermitteln, die Jüngeren den Älteren Hilfe, die Älteren den Jüngeren sozialen Sinn. ... Daher kann man nur gleichsinnig aus fachlichen, humanitär-moralischen, bürgerschaftlich-politischen, aber auch ökonomischen Gründen wünschen, dass Sie Ihre Arbeit nicht nur erhalten, sondern auch erweitern können.*«
Dieser Brief von Herrn Dörner war für uns eine sehr wichtige Argumentationshilfe bei unseren Verhandlungsgesprächen über die Zukunft unseres Vereins.

Als wir Herrn Prof. Dörner 2008 als Festredner zu unserem zehnjährigen Jubiläum einluden, stand der Verein auf sicheren Füßen und war nicht mehr auf Zuschüsse angewiesen. Auch der Wunsch nach Erweiterung unserer Arbeit war in Erfüllung gegangen: 2005 begannen wir mit unserem Projekt »ATEMPAUSE«, in dem wir den Angehörigen von dementiell veränderten Menschen Unterstützung bei der Betreuung durch unsere dafür ausgebildeten ehrenamtlichen Mitarbeiter/innen anbieten.
So waren die Wünsche von Herrn Dörner in Erfüllung gegangen, so wie er es auch selbst in einer Mitteilung im Rahmen der Jubiläumsvorbereitungen an uns formuliert hat:
»*Gut, dass Sie mir mein Ermutigungsschreiben vom Oktober 2001 noch mal beigelegt haben ... wie doch Wünsche auch heute noch in Erfüllung gehen können.*« (12. Juni 2008)
Wir danken Herrn Prof. Dr. Dr. Dörner aufrichtig und herzlich für seine ermutigenden und bestärkenden Worte, sie haben uns sehr geholfen, in einer bedrängenden Situation nicht aufzugeben und eine schwierige Durststrecke zu überstehen.

Jörg Dreyer, Groß Oesingen

Unendlich viel Gelassenheit

Ganz frühen gedanklichen Kontakt zu Herrn Dörner hatte ich bereits als Medizinstudent. Damals habe ich versucht, die psychiatrischen Grundkenntnisse anhand seines Bestseller-Lehrbuchs »Irren ist menschlich« zu verstehen. Ich meine, ich habe sie damals nicht verstanden. Das war 1978.

34 Jahre später wähle ich zur Vorbereitung eines Gifhorner Palliativ- und Hospiztages eine Hamburger Telefonnummer. Ich möchte Herrn Dörner um ein Referat bitten.

Frau Dörner meldet sich und ruft in den Raum: »Klaus, das ist jemand für dich!«

Ein herzensnetter Dialog beginnt und ohne, dass wir uns je im Leben gesehen haben, entsteht sofort eine virtuelle respektgebende angenehme Beziehung mit ja, fast lässig freundschaftlicher Prägung. Das ist Herr Dörner, und auf dem Seminartag habe ich ihn durch viele Gespräche so kennengelernt: angenehm ruhig, souverän, persönlich einbringend, offen interessiert, aber auch ein bisschen zurückhaltend, manchmal auch witzig und dabei unendlich viel Gelassenheit zeigend, ich möchte fast sagen: väterlich.

Die ausstrahlende Ruhe im Gespräch imponiert mir als leider noch kassenärztlich tätiger Kollege, der sich durch seine Sprechstundentätigkeit im gehetzten Zeittakt quälen muss.

Das Bedürfnis nach Bedeutung für andere, so, wie es auch Dörner beschrieben hat, wächst kongruent mit der Reife meines Alters, wenn nicht marktwirtschaftliche Interessen unser Tun determinieren und fast schon paranoide Qualitätssicherungszwänge unsere Arbeit in der Gestaltung und Kreativität blockieren.

Da, wo zwischenmenschliche Beziehungen lebensnah werden, wächst die Zufriedenheit von Menschen, die völlig uneigennützig sich für andere hilfsbedürftige Menschen einsetzen. Ich rede nicht von »Ehrenamtlicher Tätigkeit«, weil diese Beschreibung in meinen Augen keine adäquate Benennung dafür abbildet.

Auch ich bin als 60-Jähriger auf dem Weg in den 3. Lebensabschnitt und ich freue mich darauf.

Genauso wie Herr Dörner möchte ich mein Engagement dafür einsetzen – und ich bin ihm sehr dankbar dafür, dass er mich dahingehend sehr impulsgebend motiviert hat –, in der Betreuung von Hilfsbedürftigen, Behinderten, demenziell Erkrankten, schwerstkranken und sterbenden Menschen tendenziell für eine Abwendung von institutioneller Heimversorgung zu kämpfen und alternativ dafür Raum zu schaffen für wohnortnahe Versorgung nach dem Prinzip des Bürger-Profi-Mixes!

Ich glaube, fast jeder Mensch wünscht sich diesen sozialen Raum des letzten Weges, und ich glaube auch, viel mehr Bürger möchten sich für so etwas einbringen. Sie müssen nur gefragt werden und es muss Menschen geben, die dies organisatorisch in die Hand nehmen. In meiner schon jetzigen hospizlich-palliativen Tätigkeit möchte ich Ihr lebensrühriges Engagement, Herr Dörner, zumindest in kleinen Schritten mit unterstützen und fortsetzen!

Mit großer Besorgnis verfolge ich da zum Beispiel Bestrebungen des Deutschen Hospiz- und PalliativVerbandes und der Deutsche Gesellschaft für Palliativmedizin, hospizlich-palliativmedizinischen Fuß in die Alters- und Pflegeheime zu setzen.

Ich engagiere mich zurzeit für die Errichtung eines stationären Hospizes.

Herr Dörner, ich muss im Nachhinein ein wenig schmunzeln, als Sie in Ihrem Referat auf unserer Veranstaltung mit Recht erwähnten, dass dieses bei ausreichendem Ausbau des Sozialraumes überflüssig werden lässt.

Wir konnten das hinterher brieflich auf zusammenführende Weise klären. Ich überlege, ob nicht bei Einbindung aller bürgerschaftlich Engagierten und der Familienmitglieder die Betreuung im Hospiz strukturell logistisch fast sogar dem 3. Sozialraum zugeordnet werden kann.

Herr Dörner, ich wünsche Ihnen zu Ihrem 80. Geburtstag, an dem Sie nun mal gerade den Berggipfel des 3. Lebensabschnittes überschreiten, alles Gute und noch ganz viel Kraft für Ihr epochenprägendes Werk!

Praktischer Dialog der Generationen

Natürlich haben wir im Psychologiestudium Anfang der 80er-Jahre in Bonn »Irren ist menschlich« gelesen – außerhalb des offiziellen Bücherkanons im Fach Psychopathologie. Zum ersten Mal erlebt habe ich Klaus Dörner bei der ConSozial in Nürnberg im Herbst 2008, der großen Fachtagung der Wohlfahrts- und Sozialarbeit. Ich war – nach langjähriger Arbeit in der psychosozialen Versorgung – inzwischen beim Bundesverband des Deutschen Roten Kreuz zuständig für die Kinder-, Jugend- und Familienhilfe. Thema seines Vortrags war der Titel seines damals aktuellen Buches »Leben und sterben, wo ich hingehöre.«

Klaus Dörner hatte sich das Phänomen des Helfens sehr genau angeschaut – die Leute helfen den Alten in ihrer Umgebung, wenn es nötig ist, und gerade so viel, wie nötig ist. Aber: Wie funktioniert das mit der Nachbarschaft und dem Sozialraum?

Als das DRK 2011 eine Zukunftskonferenz zum Ehrenamt veranstaltete, wollte ich Klaus Dörner mit dabei haben. Wir im DRK, die zwar hauptamtlich das gesamte Spektrum sozialer Dienstleistungen anbieten, aber unsere Basis in der freiwilligen und ehrenamtlichen Hilfe haben, wollten uns mit der Frage auseinandersetzen: Welche Rolle kann und muss ein Verband sozialer Arbeit in den Nachbarschaften spielen? Machen wir die Nachbarn faul, nach dem Motto: Das Rote Kreuz richtet es schon? Oder bringen wir die Menschen zusammen – die, die Zeit haben und ihre »tägliche Dosis Bedeutung für andere« (Dörner) brauchen, und die, die jemanden brauchen, der ab und zu da ist oder auch verlässlich und regelmäßig unterstützt?

Die Diskussion gemeinsam mit der Vorsitzenden eines türkischen Elternverbandes und der Leiterin einer Münsteraner Freiwilligenagentur machte viele Motive und Wege, etwas zu tun, deutlich. Zum Beispiel das Motiv, die erfolgreiche Schullaufbahn der Kinder aus der eigenen Community zu stärken, aus dem sich dann ein bundesweites Netzwerk von Elternvereinen bildet. Oder durch einen Verband koordinierte nachbarschaftliche Kurzbesuche bei alten Menschen während einer sommerlichen Hitzewelle, um sie ans Trinken zu erinnern. Die Rolle der Träger sozialer Arbeit in der Begleitung, Koordination und der Organisation des Austauschs zwischen den ehrenamtlich Aktiven wurde ebenfalls thematisiert.

Wir haben den Dialog fortgesetzt: Klaus Dörner hat so seine Vorbehalte gegenüber den »großen Wohlfahrtsverbänden« – nachvollziehbar, denn sie betreiben ja auch die großen Einrichtungen fern jedweder Nachbarschaft. Dass das lokale soziale Engagement aber nicht nur bei »alternativen« kleinen Bürgerbewegungen stattfindet, sondern oft erst mit den »Großen« möglich wird, wurde Thema bei der DRK-Tagung »Dialog der Generationen« im Juni 2012. Die eingeladenen Projekte zeigten, wie die alteingesessenen Träger der sozialen Arbeit mit ihren Kenntnissen, Beziehungen oder Räumen Initiativen ermöglichen und Beziehungen zwischen jungen und alten Bürgern stiften. Oder wie in der Zusammenarbeit von Hauptschule und DRK-Altentreff Jugendliche ein Schuljahr lang in einem Haushaltsdienst bei alten Leuten sich ihre »wöchentliche Dosis Bedeutung für Andere« und obendrein eine bis dahin nicht gekannte Form der Anerkennung verschaffen. Klaus Dörner hat uns an diese alte und neue Rolle der Wohlfahrtsverbände erinnert – und ein wenig auch den im DRK manchmal überhöhten Helferethos etwas zurechtgerückt: Es reicht auch, wenn man nur deshalb hilft, weil es sein muss oder weil man nicht »Nein« sagen konnte.

Im Kontakt mit Klaus Dörner findet der »Dialog der Generationen« auch ganz praktisch statt. Schon lange hatte ich im Dienst keine mit Schreibmaschine getippte Postkarte – bei der die Briefmarke schon gedruckt ist – mehr bekommen. Ich bin dankbar – für die Anstöße und das Beispiel des Alt-Seins von Klaus Dörner.

Katrin Grüber, Berlin
Institut Mensch, Ethik und Wissenschaft

Die Notwendigkeit, sich zu entscheiden

Klaus Dörner habe ich Ende der 1990er-Jahre im Zusammenhang mit der Auseinandersetzung um die Unterzeichnung der »Bioethik-Konvention« kennengelernt, in der wir gemeinsam mit anderen den »Iserlohner Aufruf für eine zukunftsfähige Ethik« verfasst haben. Gleichzeitig fand der Gründungsprozess des Institutes Mensch, Ethik und Wissenschaft statt, an dem er aktiv beteiligt war. Die Idee für das IMEW geht maßgeblich auf Klaus Dörner zurück. Es wurde 2001 gegründet. In der Gründungserklärung heißt es:

»Angesichts der wachsenden Tendenz, ethische und soziale Fragestellungen den Prinzipien der Zweckrationalität und Rentabilität zu unterwerfen, gründen die Unterzeichnenden ein ›Institut Mensch, Ethik und Wissenschaft‹, IMEW. Sie lassen sich leiten von der historischen Erfahrung, dass ewig möglich bleibt, was einmal wirklich war.«

Ich weiß nicht, ob der Satz von Klaus Dörner stammt – er könnte aber sein, denn die Auseinandersetzung mit der NS-Zeit und Verbindungen zum Vorher und Nachher sind ihm ein wichtiges Anliegen. Sein Buch »Tödliches Mitleid. Zur Sozialen Frage der Unerträglichkeit des Lebens« hat mich sehr beeindruckt. Für mich der wichtigste Gedanke darin: es gibt nicht die Guten auf der einen und die Bösen auf der anderen Seite. Stattdessen gibt es die Möglichkeit und die Notwendigkeit, sich zu entscheiden. Die Gedanken der Nationalsozialisten seien, so Klaus Dörner in Logik und Ethik weiterhin lebendig – aber auch die Logik und Ethik der Solidarität.

Klaus Dörner hat mir außerdem den Blick auf die Rolle von Ärztinnen und Ärzten geschärft, insbesondere durch sein Buch »Der gute Arzt«. Dieses Buch hat mir einerseits deutlich gemacht, wie wichtig es ist, nicht nur das Verhältnis von Arzt/Ärztin und Patient/in im Blick zu haben, sondern zu wissen, dass es (fast) immer noch einen

Dritten gibt, seien es Familienangehörige und das nahe Umfeld, und es hat gezeigt, welches Problem daraus erwächst, wenn Ärztinnen und Ärzte chronisch kranke Menschen aus der Perspektive einer Akutmedizin behandeln. Dies hat in Vorträgen immer wieder eine Rolle gespielt – ebenso wie der Hinweis von ihm, wenn man alle Hochrechnungen in Zeitungen über psychische Erkrankungen zusammenzählen würde, hätten jeder von uns mindestens zwei.

Standen zu Beginn des Institutes vor allem bioethische Fragestellungen im Fokus, so leistet das IMEW seit einigen Jahren seinen Beitrag zur Umsetzung der UN-Behindertenrechtskonvention. Diese bietet für ein Herzensanliegen von Klaus Dörner einen wichtigen normativen Rahmen: Menschen sollen wählen können, wo und wie sie wohnen, wobei Klaus Dörner das weniger vorsichtig ausdrückt – aber so ist er. Er spricht aber nicht nur, er handelt und hat in Gütersloh als einer der Ersten in Deutschland gezeigt, dass es möglich ist, stationäre Wohnformen durch ambulante abzulösen.

Für das Institut Mensch, Ethik und Wissenschaft ist Klaus Dörner von Anfang an als aktives und anregendes Mitglied des Wissenschaftlichen Beirates ein solidarischer Wegbegleiter und Botschafter. Auch dafür herzlichen Dank.

Eine (nun endlich erwiderte) Liebeserklärung

Mein Kontakt zu Klaus Dörner fand meistens am Rande irgendwelcher Kongresse und ähnlicher Veranstaltungen statt, zu denen wir als Referenten im großen Kontext »Neue Wohnformen im Alter« eingeladen waren.

Unsere »Mission« ist dabei immer sehr ähnlich gewesen: Der Welt – zumindest dem interessierten Fachpublikum – Visionen eines anderen Lebens im Alter aufzufächern, auch wenn das autonome Leben durch Krankheit und Pflegebedürftigkeit gefährdet ist.

Klaus Dörner blieb es vorbehalten, den Entwurf eines neuen Miteinanders im »Dritten Sozialraum« zu präsentieren, der regelmäßig die Zuhörer begeisterte, weil er eine tief verwurzelte Sehnsucht in uns allen nach Zugehörigkeit und Eingebunden-Sein berührte. Mein Part blieb es, den Mikrokosmos der ambulant betreuten Wohngemeinschaften zu referieren. So ergaben sich die ersten kleinen schriftlichen Dialoge, die zumeist mit eng beschriebenen Zeilen auf Postkarten (mit einer Schreibmaschine! Und Courier-Schrifttyp!) von Klaus Dörner begannen, die sich auf irgendwelche Artikel oder Äußerungen von mir zum Thema bezogen. Die Asynchronität der Mittel machte die Kommunikation dabei nicht leicht: Der Postkartenschreiber auf der einen und der – gerade noch hineinsozialisierte – E-Mail-Schreiber auf der anderen Seite.

Dreh- und Angelpunkt des Austauschs war stets die Einordnung von den Neuen Wohnformen im Entwurf einer »Heimfreien« Gesellschaft – heruntergebrochen auf das Stadtviertel, die Gemeinde. Während Klaus Dörner geradezu euphorisch die Chancen der Ablösung einer institutionen-dominierten Versorgungslandschaft sah, »in der die Bürger eines Viertels sich zusammentun, um sich eine ambulante Wohnpflegegruppe für Ihre Dementen zuzulegen ...«, sah ich zunehmend die Tendenzen zu einer Vereinnahmung und Ver-

Institutionalisierung der ambulant betreuten Wohngruppen durch die Leistungsanbieter – ohne sich auch nur einen Dreck um die sozialräumliche Einbindung zu scheren!

Ein weiterer Aspekt – den wir leider nie vertieft diskutiert haben – war mein Ansatz der segregativen Versorgung von Menschen mit Demenz in diesen Wohngruppen. Mir ist dabei immer Klaus Dörners Credo im Ohr: Bürger können nur von Bürgern integriert werden! Aber: soll man gerade den Bürgern, die selbst alt, pflegebedürftig oder behindert sind, diese Integrationsleistung aufbürden? Und: fragt man sie, ob sie das auch wollen? Nach meinen Erfahrungen möchte kein pflegebedürftiger alter Mensch freiwillig mit Demenzkranken zusammenwohnen.

Ich spreche viel lieber von den Gemeinsamkeiten, die Klaus Dörner und ich in unseren Gesellschaftsutopien haben. Ich glaube, dass wir beide leidenschaftliche Fans von Nachbarschaft sind, die ich – das sei nebenher erwähnt – in meinem Alltagsleben mit Freude und Einsatz auch lebe! Auch ich möchte mich im Falle einer eintretenden Sorgebedürftigkeit nicht (nur) einem anonymen Profi-System ausgeliefert fühlen. Aber ich glaube auch die Grenzen der Zumutbarkeit von Hilfeleistungen aus der Nachbarschaft zu kennen: spätestens dort, wo die Profis die Gummihandschuhe anziehen, hört die Hilfebereitschaft – und oft auch: -fähigkeit – von Nachbarschaft auf! Es ist an dieser Stelle nicht möglich, die vielen Aspekte in dieser Diskussion aufzugreifen, die Klaus Dörner am 6. Dezember 2009 in einem vier Seiten langen, eng beschriebenen Brief an mich aufgegriffen hat. Dieser, in der Tat mit erkennbarem »Herzblut« geschriebene Brief blieb bis heute unbeantwortet. Heute sage ich mir: Chance vertan! Ich habe damals die »Liebeserklärung« an einen »Bruder im Geiste« nicht zu würdigen gewusst. Sicher gab es auch viele rationale Gründe für den Abbruch des Dialogs: der Alltag, die Arbeitsbelastung etc. Trotzdem bleibt es bedauerlich, dass ich es dazu habe kommen lassen.

Ich möchte mit den letzten beiden Zeilen des besagten Briefes meine Liebeserklärung beenden:

Uff, jetzt habe ich Sie aber lange genug gequält. Bis zum geplanten Plauderstündchen mit herzlichen Grüßen

Ihr Klaus-W. Pawletko

Silvia Schmidt, Berlin
Mitglied des Deutschen Bundestages

Für einen neuen Gesellschaftsvertrag

Ich habe Klaus Dörner im Jahr 2006 kennengelernt. Er war und ist mir bis heute eine Inspiration. Seine Ideen revolutionieren das Zusammenleben der Menschen, insbesondere wenn Alter und Behinderung die gesellschaftliche Teilhabe einschränken. Er hat mir und vielen anderen aufgezeigt, dass es andere Möglichkeiten gibt, als Heime zu bauen und Menschen in Institutionen auszusortieren. Er plädiert für einen neuen Gesellschaftsvertrag, nach dem die Solidarität der Menschen in ihrem lokalen Bezugspunkt, ihrer Kommune, Kirchengemeinde oder Verein, Teilhabe sichert und durch professionelle Systeme ergänzt wird. In diesem Geiste haben wir gemeinsam im Jahr 2006 die Bundesinitiative »Daheim statt Heim« gegründet, in der wir bis heute für gemeindenahe Versorgung und Selbstbestimmung eintreten.

Damit dies Realität werden kann, müssen wir nicht nur unsere Gesetze ändern, wir müssen zuallererst umdenken. Momentan treten wir – um es mit Dörners Worten vom Parlamentarischen Abend unserer Initiative am 28. Juni 2012 zu sagen – die Würde der pflegebedürftigen und behinderten Menschen mit Füßen. Behinderte Menschen erleben dies von der Sonderschule über das Wohnheim und die Werkstatt bis zum Pflegeheim im Alter. Sie werden in Einrichtungen sozialisiert. Das müssen wir begreifen, auch wenn uns immer wieder vorgehalten wird, dass die Betroffenen ja gern in ihrer Werkstatt und in ihrem Heim sind und das ihr selbst gewähltes Zuhause sei. Das ist unmittelbar nicht zu widerlegen, allerdings kennen die Betroffenen eben auch nichts anderes. Die Institutionalisierung des Menschen ist umfassend und blendet bei vielen Menschen mögliche Alternativen von vornherein aus. So ist der Protest der Lehrer und Eltern, deren Kinder in Förderschulen lernen, gegen die »Inklusion« nachvollziehbar, resultiert er doch aus der Angst vor der ausgrenzenden Umwelt. Er ist aber aus einer menschenrechtlich fundierten politischen Sichtweise langfristig nicht hinnehmbar, denn er verwehrt den Kindern Chancen und setzt sie einem gesellschaftlichen Stigma aus. Er nimmt auch dieser »behinderungsentwöhnten« Gesellschaft die Chance, sich wieder auf alle ihre Mitglieder einzulassen. »Inklusion« kann nur Wirklichkeit werden, wenn man sie tatsächlich wagt. Sie ist daher ein zutiefst demokratisches Prinzip, denn sie hilft uns, die institutionelle Trennung in Klassen, Schichten, Geschlechter und Gruppen wie behindert/nichtbehindert etc. zu überwinden.

Die andere Seite der Medaille bilden die objektiven Tatsachen, die eine Einschränkung der selbstbestimmten Lebensführung bei behinderten und pflegebedürftigen Menschen hervorrufen. Da gibt es zahlreiche diskriminierende Regelungen, wie den § 13 im Sozialgesetzbuch XII. Er grenzt Menschen in die Sondereinrichtung Heim aus, wenn im Einzelfall die Unterbringung in einer ambulanten Wohnform teurer wäre. Diese Art der Ausgrenzung ist völlig immun gegen das Argument, dass eine ambulante Unterbringung mit persönlichem Budget im Durchschnitt aller Fälle wesentlich günstiger für die öffentlichen Haushalte und die Sozialkassen wäre. Man betrachtet aufgrund des Einzelfallprinzips immer nur die isolierten Fallkosten. Die Eingliederungshilfe unterliegt dem Sozialhilferecht und somit auch dem Bedürftigkeitsgrundsatz. Einkommen und Vermögen der Betroffenen werden zur Finanzierung der Leistung herangezogen. So werden Menschen aufgrund ihrer Behinderung oder ihres Hilfebedarfes arm gemacht, wenn sie es nicht schon sind. Dagegen und gegen die immer noch fehlende konsequente Prävention und Rehabilitation wendet sich »Daheim statt Heim«.

Ich freue mich darauf, mit Klaus Dörner auch in Zukunft für die Selbstbestimmung und Würde in unserer Gesellschaft zu kämpfen und danke ihm auf diesem Wege für seine Unterstützung und die vielen wichtigen Impulse.

Wider das Töten auf Verlangen und die Beihilfe zur Selbsttötung

Das erste Mal richtig wahrgenommen habe ich Klaus Dörner auf einer Fachtagung des Deutschen Hospiz- und PalliativVerbandes (DHPV). Er sprach über »Die unbedingte Würde des Menschen angesichts von Krankheit und Tod – Ethische Folgerungen aus der hospizlichen Wertorientierung«. Das war 2008 in Essen. Er kam mit Verspätung an die Reihe, doch seine klare Sprache gewann ihm gleich die volle Aufmerksamkeit; der Beifall war entsprechend herzlich. Unmittelbar danach sprach ich ihn an, dankte für seinen Beitrag; den Text brauchte ich nicht mehr zu erbitten, er hatte ihn bereits zugesagt.

Im Sommer 2010 stand der neu gewählte Vorstand der IGSL-Hospiz Bingen (Internationale Gesellschaft für Sterbebegleitung und Lebensbeistand) vor der Aufgabe, für den Juni 2011 die Feier des 25-jährigen Bestehens vorzubereiten. Nachdem die Entscheidung für ein Symposium mit einem ethischen Thema gefallen war, stand die Frage nach geeigneten Referenten im Raum. Eine Empfehlung lautete Klaus Dörner, doch von Hamburg nach Weilburg? – Ich rief ihn an, er hatte für den vorgesehenen Samstagvormittag Zeit, nach kurzer Unterredung sagte er zu; die Einzelheiten würden wir zu späterer Zeit und mit den anderen Teilnehmern klären.

Im späten Winter saßen wir dann einander in seinem Hamburger Arbeitszimmer gegenüber. Ich erläuterte, dass es für das IGSL-Hospiz darum gehe, tiefere Begründungen und Zusammenhänge für bestehende Programmpunkte herauszustellen. Namentlich ging es um den Punkt 10 des Programms, in dem die klare Ablehnung von »Tötung auf Verlangen« und »Beihilfe zu Selbsttötung« formuliert ist. Das Gespräch drehte sich im Folgenden um Formulierungen in anderen

Programmen, die unterschiedlich strikt formulieren oder die, wie etwa bei dem »Charta-Prozess«, Punkt 1 »Ethik«, hoch interpretierbar sind. Klaus Dörner war ganz Ohr, hellwach, fragte nach, prüfte das Gesagte. Ich kam nebenbei auf seine Tätigkeit in Gütersloh zu sprechen, von der ich inzwischen mehr wusste. Er berichtete, sagte, dass es dreizehn Jahre gedauert habe, bis alle Widerstände überwunden waren. Dreizehn Jahre! – Das Gespräch umfasste noch andere Themen und dauerte länger an. Als ich mich verabschieden wollte, schaffte ich es nicht sogleich, mich aus dem Sessel zu erheben; ich hatte zu lange zu tief gesessen. Klaus Dörner lächelte und kam mir, dem Jüngeren, zu Hilfe. – Später sagte ich über das Treffen zu meiner Frau: »Ich denke, wir mögen einander.«

Die 25-Jahr-Feier erfüllte alle Erwartungen auf das Beste. Doch zuvor traf ich unerwartet am 9. Mai 2011 nochmals auf Klaus Dörner, und zwar in Berlin. Der DHPV hatte für jenen Nachmittag zu einer großen Veranstaltung in die Katholische Akademie eingeladen. Es ging im Vorfeld des Ärztetages 2011 um mögliche Änderungen in den Grundsätzen des Arztrechtes, und zwar in der Frage »Beihilfe zu Selbsttötung«. Ich blickte in die Gesichter der Herbeiströmenden, die ich teils kannte, dachte an Klaus Dörner, ob er vielleicht erscheinen würde. Tatsächlich entdeckte ich ihn bald; heute noch höre ich, wie die Vorsitzende des DHPV sich überrascht fragte, ob da nicht Herr Dörner komme; ja doch, und sie begrüßte ihn herzlich.

Anlässlich eines weiteren Telefongesprächs erwähnte Klaus Dörner den Namen Emmanuel Lévinas; ich kannte diesen nicht. Nach verschiedenen anderen Gesprächspunkten, kam er am Ende mit einem Satz wiederum auf Lévinas zurück. Nach dem Auflegen ahnte ich, dass er mir etwas ans Herz gelegt hatte. – Lange später finde ich bei Joseph Ratzinger – »Glaube, Wahrheit, Toleranz« – eine Befassung mit Lévinas; nun steht dieser auf meiner Agenda.

Antje Richter-Kornweitz, Hannover
Landesvereinigung für Gesundheit und
Akademie für Sozialmedizin Niedersachsen

Zum Zusammenhang von Nachbarschaft und Gesundheit

Klaus Dörner war mir als Autor bekannt und daher las ich seinen langen kritischen Artikel über unser Gesundheitssystem und die »zwölf Thesen zur Heilung der Medizin« in einer überregionalen Tageszeitung mit großem Interesse. Die Reform des Gesundheitssystems war zu diesem Zeitpunkt Thema in allen Medien. Die Folgen für Menschen mit geringem Einkommen, die man auf den einfachen Nenner »Streichen – Ersetzen – Zuzahlen« bringen konnte, beschäftigten mich sehr. Welche existenziellen Auswirkungen würde die Gesundheitsreform auf Menschen haben? Welche Hilfen werden Angehörige chronisch Kranker erhalten? Wie wird sich ihre finanzielle Situation entwickeln?

Inspiriert durch den Zeitungsbeitrag entstand die Idee zu einer Veranstaltung, die wir 2003 als Landesvereinigung für Gesundheit Niedersachsen in Kooperation mit der Niedersächsischen Ärztekammer und der Niedersächsischen Landesarmutskonferenz organisierten. Klaus Dörner war als Hauptreferent eingeladen. In seinem Vortrag »Chronisch krank – Chronisch arm?« fiel dann das erste Mal der Ausdruck »Nachbarschaft«. Er sprach von Nachbarschaft als einem Setting, in dem überdurchschnittlicher Hilfebedarf sichtbar wird und wo »Unterlastete« und »Überlastete« zusammengebracht werden sollten. Durch Schlüsselpersonen, beispielsweise durch einen Hausarzt. Im Raum wurde gemurmelt, es kamen kritische Nachfragen, die auf soziale Kontrolle und andere Laste(r)n von Nachbarschaft zielten. Dörner verteidigte seine Position selbstbewusst.

Beeindruckt davon luden wir ihn ein zweites Mal ein, diesmal zu einem Vortrag mit dem Titel: »Wie gute Nachbarschaft heilt – Zur sozialen Genese von Krankheit und Heilung«. Er legte fünfzehn

Thesen zu Bedingungen, Funktionsweise und Bedeutung von Nachbarschaft dar und war absolut überzeugend.

Von da an sah ich Stadtteilarbeit, Nachbarschaftsläden und -zentren mit anderen Augen. Sie wurden für mich zu Zentren der Gesundheitsförderung. Architektur und Städteplanung als Determinanten von Gesundheit rückten in meinen Horizont. Historische Erfahrungen, Glaubenssätze, aber auch enttäuschte Erwartungen und die stete Benachteiligung und Randständigkeit ärmerer Bevölkerungsgruppen komplettierten das Bild. In einer mehrjährigen Veranstaltungsreihe wurden diese Zusammenhänge unter hohem Interesse der Teilnehmenden immer wieder thematisiert.

Der Zusammenhang von Nachbarschaft und Gesundheit lag für mich auf der Hand. Viele meiner Gesprächspartner aber irritierte er weiterhin. Gesundheitsförderung im Setting Stadtteil, ja! Das war mittlerweile Konsens, wenn auch schwierig zu fassen. Aber »Nachbarschaft«? Was heißt das überhaupt? Wie umgrenzt man Nachbarschaft? Wie ist der Begriff zu definieren?

Im Jahr 2007 kam der Auftrag der Bundeszentrale für gesundheitliche Aufklärung, diese Fragen zu klären: Gibt es einen Zusammenhang von Nachbarschaft und Gesundheit? Trägt Nachbarschaft zur Verminderung gesundheitlicher und sozialer Ungleichheit bei? Eine Literaturanalyse, Projektrecherchen und diverse Experteninterviews belegen, was in Nachbarschaft Engagierte intuitiv wissen: Es gibt einen Zusammenhang von Nachbarschaft und Gesundheit!

Die Integration in soziale Nachbarschaftsnetzwerke fördert Wohlbefinden, wirkt primärpräventiv und verhindert, dass bestimmte Belastungen überhaupt auftreten. Soziale Unterstützung kann dazu beitragen, Gesundheit zu erhalten, Krankheit zu vermeiden und wie ein »soziales Immunsystem« die Belastungsbewältigung fördern. Entscheidend ist dabei die Qualität der Kontakte. Vertrauensvolle Beziehungen sind sozusagen das »soziale Kapital« in Nachbarschaften.

Mittlerweile stoße ich auf weniger Skepsis, wenn ich über den Zusammenhang von Nachbarschaft und Gesundheit spreche. Irgendwie hat man es doch schon immer gewusst. Oder?

Thomas Brendel, Königslutter
Maria Riemer, Bad Oeynhausen
AWO Psychiatriezentrum Königslutter und
Schule »Am Weserbogen«, Bad Oeynhausen

Körner von Dörner

Wenn ich meinen Lebensgarten in Muße betrachte und mich an den farbigen und lebendigen Pflanzenkompositionen erfreue und wenn ich zur Erntezeit die schmackhaften Früchte und Wurzeln sammle – dann wird mir beim Anfassen, Beschnuppern, Zubereiten und schließlich Verspeisen manchmal bewusst, dass ich gar nicht mehr genau weiß, wann wer wie in diesem Stück Land den Boden bestellt, gedüngt und ausgesät hat.

Ich sage manchmal kluge Sachen, entwickle und erforsche und gestalte komplexe Modelle, die ich – als für dies und jenes sehr nützlich – als »meine Erkenntnis« anpreise.

Ich bereite tolle Speisen zu und bitte meine Mitmenschen zu Tisch und tue so, als ob ich das alles weiß, gut kann und natürlich durchblicke.

Oft aale ich mich eitel und selbstverliebt in dem Lob und der Anerkennung derer um mich herum, nicht selten prahle ich mit den prächtigen Äpfeln aus meinem Garten und dem gesunden »Selbstgemachten«.

Ich vergesse oft, dass die Früchte, die ich heute auf dem Markt wohlfeil anbieten kann, nur so kräftig wachsen konnten, weil die Saat schon stark war.

Ich vergesse oft, dass die Seelennahrung und die Lebensmittel von diesem Acker nicht ohne das wesentliche und wesensbestimmende Saatgut und das Wesen der »Sä«-Leute denk- bzw. genießbar wären.

Die Saatkörner von Klaus Dörner gehören zu denen, von denen ich schon gar nicht mehr weiß, wann sie mir zum ersten Mal begegneten. Auf der Suche nach Referent/inn/en für eine Arbeitstagung über »Ohnmacht« in unserer Klinik am Erntedankwochenende im Oktober 2012 wollte ich diesmal Menschen einladen, die mir im

Laufe meiner Lernzeit Ideen, Haltungen und Sichtweisen vermittelten, die mich bis heute tragen und bewegen.

Unser Symbol für die Kunst des Lebens, das »Malte Männchen«, erinnert uns an die Aufgaben, die wir mit uns und den Unsrigen zu bewältigen haben. Es ist eine Zeichnung von Malte, eines zehnjährigen geistig/psychisch behinderten Jungen, der nach einem Jahr Training dieses Bild als Essential der ganzen Maßnahme mit den Worten zusammengefasst hat: »Himmel und Erde verbinden« – was zugleich die Aufgabe des Saatkorns ist.

Klaus Dörner ist einer von vielen, die die Wiesenblumenmischung in den Fußgängerzonen verstreuen und die sich nicht beeindrucken lassen, wenn die ordentlichen Verbundpflasterpfleger der keimenden Kraft mit Kehrmaschinen zu Leibe rücken.

Er ist ein Unkraut in den versteinerten Schrebergärten, ein Löwenzahn – unausrottbar, vitaminreich und viril.

Ich trage gerne den Saatsack.

Thomas Brendel

»Waas? Der? Dörner?!«

»Irren ist menschlich« war das erste Standardwerk von Professor Dörner, das ich 1978 direkt zu Beginn meiner Arbeit als »Sonderschullehrerin« gelesen habe. Bis hin zu seinen Beiträgen zur Inklusion begleiten mich seine großen Themen in meinem praktischen Tun als Förderschullehrerin. Es war also eine schöne Aussicht, ihn erstmals »live« als Referenten bei der Fachtagung »Ohnmacht – nein danke!« in Königslutter erleben zu können.

Im Vorfeld hatte ich »Helfensbedürftig« und »Leben und sterben, wo ich hingehöre« gelesen – wieder gesamtgesellschaftlich richtungsweisende Bücher.

Nicht uneigennützig habe ich auch deshalb gerne die Aufgabe

übernommen, ihn von Hannover nach Königslutter und zurück zu fahren.

Es war eine Freude, seine echte Neugier beim Fragen nach der Entstehung und Bedeutung des Malte-Männchens, sein aktives Zuhören und seine Schilderung farbiger Episoden auf seinem Berufsweg und seiner jetzigen zweiten Karriere zu erleben. Mit einem so lebendigen, klugen und vielfältigen Menschen drei Stunden verbringen zu können – ein Geschenk!

Als, in Professor Dörners Worten, selber helfensbedürftig in der Hospizbewegung aktiv, nur noch fünf Jahre von meinem dritten Lebenszeitalter entfernt und auf der Suche nach einem Wir-Raum fürs Wohnen, Leben und Sterben fühlte ich mich ganz direkt angesprochen. Die Botschaft zu lesen und Anstöße zu bekommen ist eine Sache. Professor Dörners Persönlichkeit, seine Wachheit und Präsenz, seine Haltung unmittelbar zu erleben ist weitaus mehr und hat mich tief beeindruckt.

Entsprechend begeistert wollte ich jetzt nach der Tagung, 34 Jahre später nach »Irren ist menschlich«, meiner jüngeren Tochter, 25-jährige Berufsanfängerin in der Arbeit mit sogenannten Doppeldiagnose-Klienten, diese Begegnung schildern. Sie unterbrach mich nach dem ersten Satz mit: »Waaas?? DER?!? Dörner?? Den hätte ich auch gerne kennengelernt! Der Mann ist ein Klassiker!«

Stimmt. Der Kreis schließt sich: meine Tochter, heute so alt wie ich damals, bestätigt mir, dass er »ein Klassiker« ist. Ein moderner Klassiker.

Maria Riemer

Silvia Hedenigg, Möckern-Friedensau
Theologische Hochschule

Hören lernen

Lieber Herr Professor Dörner,
einen Beitrag für diesen Band zu schreiben, ist für mich eine große Ehre, und ich möchte Ihnen auf diesem Weg von ganzem Herzen zu Ihrem Geburtstag gratulieren und vor allem – auch danken!

Meine Begegnung mit Ihnen ist gleichsam eine Begegnung »zweiter Ordnung«. Sie entstand nämlich über eine psycho-soziale, sozial-psychiatrische Organisation in Österreich, »pro mente Oberösterreich«, die in vielerlei Hinsicht als best-practice Organisation betrachtet werden kann. Laut Auskunft der Geschäftsführung war pro mente konzeptionell stark von Ihren Ideen beeinflusst. In der Folge konnte ich Sie im Jahre 2006 im Zuge meiner damaligen Tätigkeit an der Fachhochschule Oberösterreich in Kooperation mit pro mente Oberösterreich zu einem Vortrag mit dem Titel »Anthropologische Psychiatrie« einladen. Diese beiden Initialbegegnungen waren Auslöser dafür, mich intensiver mit Ihren Schriften zu beschäftigen. Seither begleitet mich Klaus Dörner in meinem Denken und besonders auch in der Lehre. Insofern ist es nicht verwunderlich, dass ich 2011 erneut daran dachte, Sie zu einer Fachtagung zum Thema »Wie viel Ethik gestattet sich die Medizin?« an die Theologische Hochschule Friedensau einzuladen. Trotz meiner begrenzten finanziellen Ressourcen an dieser kleinen, privaten Hochschule haben Sie sofort zugesagt – niemanden, der Sie kennt, wird das wundern.

Sie haben aber nicht nur Ihre Teilnahme zugesagt, Sie sind dafür sogar um vier Uhr morgens aufgestanden, damit Sie um 9.00 Uhr pünktlich da sein konnten. Und Sie waren da, Sie haben uns mit Ihrem Vortrag über eine Stunde in Bann gehalten und uns diesen Tag »geschenkt«. Unter anderem haben Sie auch über Zeit gesprochen, den Wert von Zeit in der Beziehung zwischen Arzt und Patient, der Medizin allgemein, die Sie in erster Linie als Beziehungs- und erst in zweiter Linie als angewandte Naturwissenschaft betrachten. Wahrscheinlich erübrigt es sich zu sagen, dass Ihr Artikel für den Sammelband als erster eingetroffen ist.

Zentral sind für mich Ihre Aussagen,
– der Anthropologie des Helfens und
– des Appells, beim Schwächsten zu beginnen.

Auf die Frage, die ich erst kürzlich bei einem Vortrag zum Thema Empowerment erhielt, ob denn derartig erfolgreiche Ergebnisse an das Charisma einer Person, wie beispielsweise Klaus Dörner, gebunden seien, finden sich in Ihren Schriften Beschreibungen der Wegstrecke und implizit vielleicht eine Beantwortung auf diese Frage. Dabei sind für mich folgende Aspekte zentral:
– Hören lernen, was uns Patienten/Klienten sagen, und
– uns vergegenwärtigen, was wir an ihrer Stelle wollten (keine Werkstätten, sondern Arbeit!).

Mit den für mich zentralen Aussagen Ihrer Texte und der darin implizierten Vorgehensweise bei der Umsetzung Ihrer Projekte benennen Sie essenzielle Kernaussagen zur Sozialen Arbeit und weiterführenden Studiengängen, wie z.B. Sozial- und Gesundheitsmanagement. Als ausschließlich akademisch sozialisierte Theoretikerin bin ich angewiesen auf überzeugende Personen der Praxis. Sie, Herr Professor Dörner, sind natürlich weitaus mehr als »ein Mann der Praxis«. Sie sind Arzt, Sie sind Philosoph und Sie sind Christ – »der für mich am überzeugendsten unter den mir bekannten lebenden Christen« – wie ich immer etwas umständlich zu sagen pflege. Dennoch erlebe ich immer wieder die Überzeugungskraft dieser Kombination bei Studierenden, seien es nun Studierende im B.A. Studiengang Soziale Arbeit oder Studierende der Masterstudiengänge. Ich wüsste oft nicht, wie ich Argumenten oder dem Zweifel von Studierenden überzeugend begegnen könnte, wenn ich nicht auf Klaus Dörner verweisen könnte.

Lebensalltag für Jung und Alt miteinander gestalten

Unser gesellschaftliches Miteinander befindet sich im Umbruch. Hierzu gehören u.a. der demografische Wandel, die abbrechenden Infrastrukturen und ebenso die Veränderungen im Zusammenleben der Generationen. Auf dem Hintergrund meiner Erfahrungen aus zwanzig Jahren ehrenamtlicher Jugendarbeit, aus einem Studium zur Diplomsozialpädagogin sowie als Dozentin in der Altenpflege stellte sich mir die Frage: Wie kann die Zukunft aussehen? Wie kann man neue politische Impulse setzen?

Gemeinsam entwickelten wir 2007 in Emsdetten ein Konzept mit folgenden Zielen:

- Rahmenbedingungen schaffen, damit viele den Lebensabend in der vertrauten Umgebung verbringen können,
- soziale Kontakte nach innen und außen fördern, und damit einer etwaigen Vereinsamung entgegenzuwirken,
- den Betrieb einer Einrichtung mit Angeboten für Jung und Alt im Ortsteil Emsdetten/Sinningen schaffen
- den Zusammenhalt zwischen den Generationen stärken, sodass die Gemeinschaft von dem Erfahrungswissen und den Fähigkeiten der Generationen profitieren kann.

Im Frühjahr 2008 fuhr ich mit Schüler/inne/n der Altenpflegeschule zu einer Fachmesse nach Hannover. Dort fiel mir das Buch »Leben und sterben, wo ich hingehöre« von Klaus Dörner in die Hände. Ich las es voller Interesse.

Gestärkt durch dieses Wissen gründeten wir am 13. Juni 2008 mit vielen interessierten Mitbewohnern des Ortsteils Emsdetten/ Sinningen den Verein »Ortsnahe Alltagshilfen e. V.«.

Kontinuierlich setzen wir das Konzept mit den genannten Zielen um. Die Bewohnerinnen und Bewohner nehmen das Angebot mit viel

Engagement an und tragen somit auch dazu bei, dass die Vereinsarbeit mittlerweile politische Anerkennung erfährt und die professionellen Anbieter uns nicht mehr als Konkurrenten sehen. Jung und Alt erleben ein gutes Miteinander.

Unser Ortsteil hat begonnen, die Zukunft mit diesem Projekt der »Ortsnahen Alltagshilfen« neu zu gestalten; denn aufgrund des demografischen Wandels können die Aufgaben der Solidargemeinschaft nicht mehr allein auf den Schultern der jungen Generation liegen. Auch die ältere Generation liefert in unserem Projekt einen Beitrag durch ein weitgehend selbstorganisiertes Leben und eine lange Selbstständigkeit. In unserem Projekt rufen die Älteren nicht (teure) Leistungen ab, sondern überbrücken die abbrechenden Infrastrukturen durch ortsnahe Alltagshilfen, die zu einem kostengünstigen solidarischen Handeln verhelfen. Die Älteren sind somit nicht Leistungsempfänger, sondern erbringen umgekehrt auch Leistung durch ihr ehrenamtliches Engagement.

Sehr geehrter Herr Dörner, wir, die Mitglieder des Vereins der »Ortsnahen Alltagshilfen«, wünschen uns weiterhin einen Austausch mit Ihnen. Für uns bedeutet die Begegnung mit Ihnen: nicht aufgeben, sondern vertrauen auf eine gesellschaftliche positive Veränderung.

Wir sind stolz darauf, dass Sie uns als eines von vielen Projekten in Ihrem letzten Buch »Helfensbedürftig« aufgeführt und uns im März 2013 persönlich besucht haben
(siehe: www.ortsnahe-alltagshilfen.de).

»Hast du ein schönes Dorf, hast du auch glückliche Bewohner.
Hast du glückliche Bewohner, hast du auch ein schönes Dorf.«

Diesen Spruch bekamen wir von einem Besucher
aus unserer Partnerstadt Hengelo überbracht.

Trendsetter für bürgerschaftliches Engagement

Seit etwa 20 Jahren gibt es die Informations-, Beratungs- und Koordinationsstelle für soziale Belange von Jung und Alt in Halle. Ausgehend von persönlichen Erfahrungen in der Pflege entstand die Idee für eine bedarfsgerechte, gut erreichbare, umfassende Beratung über gesundheitspräventive, psychosoziale, pflegerische und kulturelle Dienste und Einrichtungen in unserer Stadt. Die Tatsache, dass Professor Klaus Dörner Anfang der 1990er-Jahre als Leiter der Westfälischen Landesklinik in Gütersloh mit seinen Ideen zum »dritten Sozialraum« Mut machte und konkrete Alternativen vorschlug, brachte etwa 20 Bürger auf den Weg zu einer »Neuen Kultur des Helfens«.

Diesen Ansprüchen versuchen wir in unserem Sozialen Büro bis heute gerecht zu werden. Die Arbeit wird von einem, im Sinne des Wohlfahrtswesens tätigen Verein getragen. Dazu erhalten wir die Unterstützung der Stadt Halle und des Kreises Gütersloh. Ganz wichtig für unsere Arbeit sind auch die vielen ehrenamtlichen Helferinnen und Helfer, die je nach Zeit und Möglichkeit für uns und die Menschen in Halle da sind.

Den anfänglichen Schwierigkeiten bei öffentlichen Institutionen begegneten die GenerationenNetzwerker mit viel Engagement und Fantasie. Der »verrückte« Professor aus Gütersloh half durch viele Türen und ermutigte mit seinen Thesen. Ein wichtiges Anliegen von Anfang an war es, den »sozialen Reichtum« der Stadt zu mehren.

Unser Credo ist es, das Miteinander von Jung und Alt zu fördern. Das Leben für kranke, behinderte und pflegebedürftige Menschen jeden Alters in ihrem Zuhause zu ermöglichen, solange es geht, und durch persönliche Kontakte und gemeinsame Erlebnisse gegen die Einsamkeit zu wirken und so zu mehr Lebensqualität beizutragen.

In einem vom GenerationenNetzwerk initiierten »Runden Tisch Pflege in Halle« arbeiten seit Jahren alle ambulanten und stationären Einrichtungen mit der Stadt zusammen. Ein wichtiger Aspekt neben der Koordination auf lokaler Ebene ist die Organisation von jährlich stattfindenden »Veranstaltungen rund um die Pflege«.

Waren wir stolz, als es 2008 gelang, den viel beschäftigten Hamburger verpflichten zu können! Der Abend mit fast 200 Gästen zum Thema »Leben und sterben, wo ich hingehöre« war das Highlight des Jahres. Die engagierte und fröhlich-dezidierte Art von Klaus Dörners Gegenwart hat erneut Mut gemacht. Aus berufenem Mund zu hören, dass wir seit 20 Jahren für genau das kämpfen, was der Professor einfordert, hat die Arbeit hier vor Ort beflügelt.

Der andere Name, der in diesem Fall nicht fehlen darf: Ingrid Gerner. Über all die Jahre war sie die unermüdliche Initiatorin und Seele im GenerationenNetzwerk. Gut zu wissen, dass es einzelne Menschen und ihre Tatkraft sind, die positive Entwicklungen im Miteinander anstoßen. Es ist eine große Aufgabe, diesen Weg weiter zu gehen für ein Miteinander in Halle für junge und alte Menschen.

Bettina Hauphoff, Bielefeld

Menschliche Begrenzungen

Im Herbst 2009 klingelte es vormittags an unserer Haustür, ich hatte zufällig frei an dem Tag. Draußen standen zwei Mitarbeiter einer bekannten Telekommunikationsfirma und warben für neue Angebote. Ich wollte es kurz halten, denn ich war nicht interessiert, und so gab einer der beiden mir seine Karte, damit ich mich bei Bedarf noch einmal melden könnte. Ich warf einen flüchtigen Blick auf den Namen – und erstarrte. Wie vom Donner gerührt sah ich dem Mann, der vor mir stand, ins Gesicht und allmählich erkannte ich ihn – meinen früheren Kollegen aus der Inneren Abteilung der LWL Klinik Gütersloh.

Am 19. Dezember 1990 war er frühmorgens auf dem Weg zur Arbeit festgenommen worden. Ich sah ihn im Winter 1992/93 vor Gericht wieder, wo ich als Zeugin befragt wurde. Und nun vor unserer Haustür.

Was tut man, wenn man mit einem Albtraum aus der Vergangenheit konfrontiert wird? Plötzlich und unerwartet, völlig unvorbereitet. So dass es einem den Boden unter den Füßen wegzieht. Man sucht nach Menschen, mit denen man den Albtraum gemeinsam erlebt, durchstanden hat. Die wissen, worum es geht, ohne dass viel gesagt werden muss. Mit denen man einfach anknüpfen kann an das Unerklärliche, das Unfassbare.

Nachdem ich die Haustür geschlossen hatte, brauchte ich einen Moment in meiner Fassungslosigkeit, dann rief ich Klaus Dörner an. Längere Zeit hatten wir nicht miteinander gesprochen, doch das spielte jetzt keine Rolle. Ich erzählte ihm von der surrealen Begegnung an der Haustür und wir waren wieder beieinander, so wie damals.

Damals – im Dezember 1990 – saßen wir mit anderen Kolleginnen und Kollegen zusammen, um miteinander die Geschehnisse aushaltbar zu machen. Um aus einer inneren Starre herauszukommen. Um etwas nach außen zu bringen, in Worte zu fassen, was diffus und gespenstisch in uns schwirrte. Wohl auch damals noch in der Hoffnung, Erklärungen zu finden. Wir Menschen sind nur allzu abhängig von Kausalitäten.

Wolfgang L., damals Krankenpfleger, hatte auf der Inneren I unseres Krankenhauses Patienten durch Luftinjektion getötet; schuldig gesprochen wurde er 1993 vom Landgericht Bielefeld für die Tötung von zehn Frauen und Männern. Klaus Dörner war zu der Zeit Klinikleiter, ich arbeitete als Psychologin auf der Inneren I. Das Geschehene war entsetzlich; es war nicht rückgängig zu machen, nicht zu »verarbeiten«. Aber es war gut, in dieser Hilflosigkeit miteinander zu sein; fragen, weinen, schimpfen und trauern zu können. Auch unter der Leitung von Klaus Dörner, der sich so unermüdlich für den Schutz allen Lebens einsetzte und das noch immer tut, kam es zu solch grausigen Taten. Ein Scheitern?

Nicht das Gelingen ist unsere Aufgabe, sondern das beharrliche Vertrauen darauf, dass es sich lohnt, sich zu engagieren und das immer wieder aufs Neue zu versuchen. Scheitern ist keine Entschuldigung für persönliches Aufgeben. Für dieses Engagement hat Klaus Dörner meine Anerkennung. Und ich bin froh, in ihm einen Verbundenen in diesem Albtraum zu haben.

Renate Schernus, Bielefeld

Der schwierige Weg nach Polen und das Wunder neuer deutsch-polnischer Freundschaft

Am 20. September 2012 hatte ich die bisher letzte Gelegenheit, mich von Klaus Dörners inspirierenden Provokationen zum Nachdenken bringen zu lassen. Anlässlich des 23. Symposions der Deutsch-Polnischen Gesellschaft für Seelische Gesundheit e. V. in Bielefeld hielt er, selbst Ehrenvorsitzender der Gesellschaft, den Einführungsvortrag. Titel der Tagung und seines Vortrags: »Gibt es noch Gesunde? Gefährliche Trends in der Psychiatrie in Deutschland und Polen«.

Die lebendige, mitreißende Art, in der er vortrug, ließ keinen Zweifel daran, dass er es bisher erfolgreich geschafft hat, sich nicht den »kurzatmigen Sozialkonstrukten« »Alter« oder »Ruhestand« (Originalton Dörner) zu ergeben.

Folgendes ist mir im Gedächtnis geblieben:

Unsere Gesellschaft sei dabei, die Zahl der psychisch Kranken so auszuweiten, dass es bald keine Gesunden mehr gebe. Dafür seien mehrere, sich zum Teil gegenseitig bedingende Gründe verantwortlich:

- der Verlust politischer, gesellschaftlicher oder philosophischer Zugänge zum Verständnis »seelischen Unwohlseins« zugunsten einer einseitigen medizinischen Perspektive,
- die aggressive Werbung der Pharmaindustrie (extrem in den USA),
- damit zusammenhängend die Überantwortung der Gesundheit an die Wirtschaft mit dem Zwang zur Profitorientierung und der Erschließung neuer Märkte
- sowie in Deutschland die Vermehrung der Psychotherapeuten, die ebenfalls entscheidend dazu beitrage, dass normale Lebenskrisen zu behandlungsbedürftigen Krankheiten umdefiniert würden.

Klaus Dörners Fazit: Das Zuviel an Ressourcen, das in die Psychotherapie eigentlich nicht behandlungsbedürftiger menschlicher Krisen fließe, habe zur Folge, dass die Ressourcen für die wirklich schwer psychisch kranken Menschen fehlten.

Auf Einzelheiten der seinem Vortrag folgenden, durchaus kontroversen Diskussionen will ich hier nicht eingehen. Etwas anderes ist mir an dieser Stelle wichtiger: Dass die polnischen und deutschen Teilnehmer des Symposions so munter, kontrovers und ungezwungen miteinander umgehen und diskutieren konnten, ist alles andere als selbstverständlich und zu großen Teilen Klaus Dörner zu verdanken. Die unfassbaren Verbrechen, die unter dem nazistischen Terrorregime an psychisch kranken Polen und an Mitarbeitern der polnischen Psychiatrie begangen wurden, machten auch noch viele Jahre nach Kriegsende einen »normalen« Umgang zwischen Polen und Deutschen im Bereich Psychiatrie unmöglich. Zu sehr von Scham- und Schuldgefühlen belastet war die deutsche Seite, zu verwundet die polnische. Die genaue Zahl der ermordeten Patienten kennen wir nicht. Manche Schätzungen gehen von bis zu 20.000 Opfern aus und mindestens die Hälfte der 219 Mitglieder der Polnischen Gesellschaft für Psychiatrie wurde ebenfalls ermordet.

Klaus Dörner hat nicht nur dazu beigetragen, dass diese Verbrechen in Deutschland zur Kenntnis genommen wurden, sondern er hat, spätestens ab 1985 und zunächst gegen eigene innere Widerstände, gleichsam zitternd und zagend, die ersten Schritte in Richtung auf die polnische Psychiatrie gewagt. Aus einem Schriftwechsel geht hervor, dass ihm dies nur durch die Ermutigung des Vorsitzenden der Krakauer Ärztegesellschaft und Mitherausgebers der »Auschwitzhefte« *Prof. Józef Bogusz* gelungen ist.

Aus diesen vorsichtigen Annäherungen, in die dann natürlich auch andere in der Psychiatrie Tätige eingebunden waren, ist die Deutsch-Polnische Gesellschaft für Seelische Gesundheit hervorgegangen. Ihr Ziel ist die gemeinsame Entwicklung einer menschenwürdigen Psychiatrie. Sie verfügt inzwischen über mehr als 500 Mitglieder sowie über zahlreiche Partnerschaften zwischen polnischen und deutschen psychiatrischen Kliniken.

Klaus Dörners Inspirationen und Anstöße wirken weiter.

Mutmacher zur Selbsthilfe

Visionen und Ideen sollten nicht nur entwickelt, sondern auch verwirklicht werden.

Angeregt und beraten von Herrn Prof. Dr. Dr. Klaus Dörner, damals Landesklinik Gütersloh, wurde 1986 die Interessengemeinschaft von Angehörigen Psychisch Erkrankten (APK) gegründet.

Der von Herrn Dörner unterstützte Mut zur Selbsthilfe führte ein Jahr später zur Gründung eines vereinseigenen Betriebes, dem Lippischen Kombi-Service (LKS).

So sollte der Isolation psychisch Kranken entgegengewirkt und ihnen eine Integration in die Arbeitswelt ermöglicht werden. Der LKS kombiniert Dienstleistungsangebote für die Region: Catering für Schulen, Kindertagesstätten und Altenheime, Datenarchivierung, Heißmangel, Reinigungsbedarf und Buchantiquariat. Psychisch beeinträchtigte und gesunde Menschen arbeiten hier erfolgreich zusammen. Heute bestätigen mehr als 100 Beschäftigte den Erfolg des Betriebes.

Durch die moralische Unterstützung von Prof. Dörner gelang es dem Verein auch, sich wirksam für die Gründung eines Gemeindepsychiatrischen Zentrums (gpz) in der lippischen Residenz einzusetzen, das, voll ausgelastet, heute aus der Region Ostwestfalen nicht mehr wegzudenken ist.

Nicht nur der APK, nein ganz Ostwestfalen bedankt sich bei Herrn Prof. Dr. Dr. Klaus Dörner!

Von Herzen gratulieren der APK und die Region Ostwestfalen ihm zum 80. Geburtstag!

Jeder Mensch will notwendig sein!

Ende der 1970er-Jahre: Die deutsche Psychiatrie ist im Aufbruch, es gibt 2,5 Millionen Arbeitslose. Die Arbeitstherapie der Westfälischen Klinik Gütersloh quält sich dahin. Eine Vermittlung auf den allgemeinen Arbeitsmarkt ist extrem schwierig.

Da lag die Idee nahe, eine Arbeit zu organisieren, bei der Menschen aus der Klinik unabhängig von Sozialleistungen leben können. Das wäre die richtige »Therapie«. Klaus Dörner, seit 1980 Leiter der Klinik, stellte mich ein halbes Jahr frei, um eine Firmengründung auf den Weg zu bringen. Mein Kollege Rolf Simon kündigte seine Arbeitserzieherstelle in Bethel, trotz Sperrfrist vom Arbeitsamt. Wir drei sind nach über dreißig Jahren noch heute die Gesellschafter der Firma DALKE. Gütersloh liegt an dem Flüsschen Dalke, der so zum Namensgeber wurde. Die Firma sollte unabhängig und so normal wie möglich sein, mit sozialversicherungspflichtigen Arbeitsplätzen und einem Einkommen, von dem man leben kann. Und wir wollten weg von der Festschreibung der Defizite der Menschen, hin zur Unterstützung ihrer Potenziale! Da Rolf Simon als Kaufmann und Arbeitserzieher, ich als Schlosser und Sozialarbeiter berufliche Doppelqualifikationen besaßen, kamen wir auf Industrie- und Montagearbeit, also Industriedienstleistungen. Klaus, Rolf und ich gründeten mit privaten Mitteln die gemeinnützige »Gesellschaft für Prävention und Rehabilitation«. Klaus Dörner schaffte es, beim Ministerium für Arbeit, Gesundheit und Soziales in Düsseldorf einen Gründungszuschuss von 100.000,- DM zu bekommen. Man nannte uns »hoffnungslose Sozialfuzzys« und »sozialpsychiatrische Anarchisten«. Dies kränkte uns nicht. Es spornte uns an, ins kalte Wasser der freien Wirtschaft zu springen. Der damalige Werkleiter eines großen Gütersloher Haushaltswarenherstellers war von unserer Idee äußerst angetan: »Traut ihr euch, für eine neue Trocknergeneration eine Baugruppe vorzumontieren?« Sicher trauten wir uns. Das war genau das, was wir brauchten.

Von dem Gründungszuschuss wurde eine leer stehende Kirche als Produktionsstätte angemietet, Druckluftleitungen verlegt, ein LKW und Arbeitstische angeschafft. Auf die Empore kam ein Schreibtisch, zwei Sofas zum Ausruhen und ein Telefon; also alles komplett. Wir waren bereit und das Geld alle. Was für ein Abenteuer, vom Sozialarbeiter und Arbeitserzieher zu geschäftsführenden Gesellschaftern! Es gab in Deutschland nichts Vergleichbares, an das wir uns hätten anlehnen können. Wir starteten mit sechs Mitarbeitern, deren Status unbürokratisch von »vollstationär« in »Nachkliniker« umgewandelt wurde, damit sie vom ersten Tag an ein sozialversicherungspflichtiges Arbeitsverhältnis eingehen konnten.

Ein neuer Stern am sozialpsychiatrischen Himmel war aufgegangen. Die Firma DALKE wurde zur Pilgerstätte. Unser Auftraggeber mit einer sehr hohen Anspruchshaltung war zufrieden.

Die Sofas sucht man heute vergebens, und auch sonst hat sich einiges verändert. Aus sechs Mitarbeitern wurden über 60, davon über 50% psychisch schwerbehinderte Menschen. Der Umsatz stieg von 58.000,- DM auf über 2,5 Millionen Euro in 2012. Die Räumlichkeiten in der Kirche sind Geschichte. Aber auch heute noch ist die Firma DALKE ein Montagebetrieb und der Gütersloher Haushaltswarenhersteller blieb unser wichtigster Auftraggeber.

Heute gibt es in der BRD über tausend Integrationsfirmen und Abteilungen mit knapp 10 000 Arbeitsplätzen für Menschen mit Behinderungen. 1994 erhielt das Grundgesetz in Artikel 3 den Zusatz »Niemand darf wegen seiner Behinderung benachteiligt werden«. Seit dem Jahrtausendwechsel sind Integrationsfirmen Bestandteil im Schwerbehindertenrecht und politisch gewollt. Die Handschrift von Klaus sowie seine nicht immer bequemen Ideen spiegeln sich in alldem wider. Als wir vor über dreißig Jahren dieses Abenteuer begannen, wussten wir nicht, dass man das heute Inklusion nennt.

Alles Gute für Dich, lieber Klaus!

Dein Freund Helmut Landwehr

Bernd Meißnest, Gütersloh
LWL-Klinikum und Daheim e.V.

»Dort beginnen, wo es sich am wenigsten lohnt; mit den Schwächsten!«

Mit diesem Lehrsatz von Klaus Dörner im Ohr begann ich Mitte der 1990er-Jahre meine Psychiatrieweiterbildung in Gütersloh. Die Deinstitutionalisierung der Anstalt war in vollem Gange, die meisten Langzeitpatienten in die ambulante Versorgung der Gemeinde entlassen. Die Letzten waren »die Schwierigsten«, »die Systemsprenger«. Für sie galt es kreative ambulante Strukturen zu etablieren. So arbeitete ich als junger Assistenzarzt mit Systemsprengern und lernte in kürzester Zeit die Grenzen des Systems, seine Lücken und Chancen kennen. Vor allem, was es bedeutet, sich dort zu engagieren, wo es sich scheinbar am wenigsten lohnt: bei den Schwächsten. Eine mich sehr prägende Zeit, die mein Handeln bis heute bestimmt.

Da Klaus Dörner uns lehrte, ein »ordentlicher« Sozialpsychiater muss mindestens einen Verein gründen und sich auch außerhalb der Institution engagieren, ging ich voller Enthusiasmus in den Vorstand des Vereins »Daheim e.V.«, ein ambulanter Träger, der sich um die Versorgung älterer psychisch Kranker kümmert. Mittlerweile bin ich seit über 15 Jahren Vorsitzender. Aus einem kleinen Träger entstand ein mittelständisches Unternehmen mit über 450 Mitarbeitern.

Mit einem klinischen und ambulanten Standbein ausgestattet, merkte ich, eine Gruppe blieb außen vor: die Älteren, Pflegebedürftigen und Dementen. Ihnen blieben lediglich Angebote der »klassischen Altenhilfe«.

In der Auseinandersetzung mit Klaus, auch die älteren psychisch Kranken müssten bedacht werden, winkte er ab: »Darum müssen sich andere kümmern«. Neben der Deinstitutionalisierung der Klinik begann fast unbemerkt eine Reinstitutionalisierung der Altenhilfe. Die »Alten« wurden zu einer vergessenen Gruppe der Gemeindepsychiatrie. Nach Reisen und Impulsen aus dem europäischen Ausland begannen wir beim Verein Daheim die Erfahrungen der »Chronisch-Kranken-Psychiatrie« auf die älteren psychisch Kranken anzuwenden. Ende der 1990er entstand so das Konzept der ambulanten Hausgemeinschaft für Pflege- und Betreuungsbedürftige im Quartier. Es sollte eine Alternative zum »klassischen« Altenheim sein. Mit Klaus habe ich dies in vielen Gesprächen am Hamburger Küchentisch auch kontrovers diskutiert. Eine Auseinandersetzung, die sehr gut war und für beide neue Ideen hervorbrachte. Wir waren uns nicht immer einig, was ambulante Versorgung im Quartier bedeutet und wie der Bürger sich engagieren kann. Mit großer Entschlossenheit gingen wir aber unseren »Gütersloher Weg«. Es entstand ein Netz von über 40 ambulanten Hausgemeinschaften mit fast 600 Bürgern in den Stadtvierteln des Kreises Gütersloh; die bundesweit dichteste Versorgungsregion mit diesem Wohnangebot. Hinzu kommen integrierte Tagespflegen und ambulante Hilfen. Auch hier ist der Kreis bundesweit führend. Klaus Dörner hat diese Entwicklung als damaliger Direktor der psychiatrischen Klinik initiiert. Er begleitet sie bis heute aus der »Hamburger Distanz« wohlwollend und auch kritisch.

Lieber Klaus, war die gerontopsychiatrische Versorgung in den 1990ern noch nicht fester Bestandteil Deines Deinstitutionalisierungsgedankens, so stehen die »Alten« heute im Mittelpunkt Deines immer noch riesigen Engagements für den Dritten Sozialraum. Vielleicht weil Du selbst älter geworden bist? Ich finde das toll und fühle mich immer wieder durch Deine Gedanken inspiriert. Sie tragen dazu bei, dass ich so viel Spaß bei der Arbeit habe; in der Klinik als Chefarzt der Gerontopsychiatrie und außerhalb als Vorsitzender des Vereins Daheim. Besonders in schwierigen Situationen hilft es mir, den Blick auf die zu richten, für die es sich am wenigsten lohnt. Dann ist die Entscheidung klar. Das habe ich von Dir früh gelernt – herzlichen Dank dafür!

... und der war Visionär

Ich habe Klaus Dörner im Juli 1985 kennengelernt.

Er war damals – neben seinen ohnehin großen Aufgaben als Klinikleiter in Gütersloh – sehr engagiert im Rahmen der Rettung des Sozialwerks St. Georg, einem in den 1970er-Jahren sehr erfolgreichen Unternehmen. Ein Konzern mit vielen Heimstandorten für Menschen mit Behinderungen, groß geworden im Zusammenhang mit der – dringend notwendigen – Reduzierung der Belegung in den westfälischen Landeskrankenhäusern. Unterkunft und Pflege nach der Devise »satt und sauber« und trotzdem im Vergleich zu den Lebensumständen zuvor eine große Verbesserung.

Größe geht manchmal auf Kosten der Qualität, der Sorgfalt. Man nimmt die Dinge nicht mehr so genau, verliert den Blick für Details. Im Falle des Sozialwerks St. Georg bedeutete dies Anfang der 1980er-Jahre fast den Untergang der gesamten Organisation.

Am Anfang gab es nur einen, der geglaubt und gewusst hat, dass die Erfahrung, mit dem Rücken an der Wand zu stehen, ungeheure kreative Kräfte freisetzen kann.

Wenn nichts anderes mehr bleibt – und nur dann – ist genug Energie vorhanden, um radikal und konsequent alles anders zu machen als zuvor. Wenn der Weg des »mehr desselben« nicht mehr funktioniert, entsteht die Idee von etwas völlig Neuem.

Zunächst gab es nur den einen, und der war Visionär, war radikal. Einer, der die Dinge beim Namen nannte, der Kompromisse erst dann machte, wenn das Ideal verstanden und die Wege dorthin glaubhaft dekliniert waren.

Es gab den einen, aber dieser war Missionar genug, um viele andere anzustecken, zu begeistern von dieser Idee, eine Anstalt abzuschaffen, umzubauen, mit dem Schwierigsten zu beginnen.

Dieser eine, Klaus Dörner, hat sich mit uns geschämt, hat Mut

70

gemacht, hat Denkmuster (das haben wir schon immer so gemacht!) auf den Kopf und gute Ideen auf die Füße gestellt.

Einer, der sich für nichts zu schade war, der uns lehrte, was aus Sicht der Betroffenen wichtig wäre, und gelernt hat, wie schwierig manchmal die Arbeit in einem Heim, wie ablehnend ein Sozialraum, wie störrisch die Politik, wie ängstlich Menschen in Institutionen (Klienten und Mitarbeitende) sein können.

Seine Mahnung, stets mit dem Schwierigsten zu beginnen, wurde zeitweise unser Mantra. Gemeint war, uns nicht zunächst und am intensivsten um die Klienten mit den größten Fähigkeiten, den besten Rehabilitationsaussichten zu kümmern, sondern uns zu bemühen um die Resignierten, die Vergessenen, die »Wir-haben-doch-schon-alles-versucht«.

Institutionen – zumal, wenn sie erfolgreich sind – haben aus Sicht der Kritiker die magische Fähigkeit, sich stets selbst am Leben zu erhalten. Hiervor hat Klaus Dörner stets gewarnt.

Aus meiner Sicht ist dies etwas zu kurz gedacht – manchmal braucht es die (stationären) Profis, die Menschen in tiefen und langdauernden Krisen, mit umfassenden Hilfebedarfen unterstützen. Wir sind uns aber einig, dass stationäre Hilfe nur Unterstützung auf Zeit, mit der sozialen Wirklichkeit eng vernetzt, flexibel und barrierearm sein und stets ein selbstbestimmtes Leben zum Ziel haben muss.

In jenem erwähnten Sommer 1985 hatte ich bei Klaus Dörner ein Vorstellungsgespräch.

Er hatte die Aufgabe übernommen, die neue Zeit im Sozialwerk St. Georg personell zu gestalten. Auf dem Weg zu diesem Gespräch bin ich vor Aufregung fast gestorben, er war ein Guru der Sozialpsychiatrie – und wusste das auch.

Ich habe niemals wieder so viel gelernt wie in dieser Zeit.

Wir hatten einen kritischen Geist an unserer Seite, der uns stets den Spiegel vorgehalten, uns nie geschont, immer gemocht und niemals verlassen hat.

Chapeau, großer und großartiger Mann der sozialen Psychiatrie, alles Gute, Glück und Gesundheit zum achtzigsten Geburtstag! Lassen Sie uns noch ein Stück gemeinsam gehen, es gibt so vieles noch zu tun.

Udo Baer, Neukirchen-Vluyn
Institut für Gerontopsychiatrie,
der Zukunftswerkstatt therapie kreativ gGmbH

Vom Sozialraum und von der Leidenschaft

Im November 2012 hielt Prof. Klaus Dörner einen Vortrag auf der Tagung »Würde und Demenz« in Duisburg, die von der Stiftung Würde und dem Institut für Gerontopsychiatrie veranstaltet wurde. Wir luden ihn ein, weil für uns die Würdigung von Menschen mit demenziellen Erkrankungen immer auch damit verbunden ist, sie in ihrer sozialen Welt zu sehen und ernst zu nehmen. Dazu wollten wir Klaus Dörner hören – und wir hörten ihn.

Die Anwesenden – vor allem Fachkräfte der Altenhilfe, Therapeut/inn/en und auch pflegende Angehörige – lauschten ihm mit großem Interesse. Seine Vorstellungen vom »dritten Sozialraum«, seine Berichte über zahlreiche Initiativen und seine Forderung nach »Verflüssigung der Altenheime« führten dazu, dass die Zuhörenden sich viele Notizen machten. Doch diskutiert wurde in der Pause und in den Tagen danach noch mehr über etwas anderes: über die Persönlichkeit von Klaus Dörner, über seine Leidenschaft.

Das Feuer, mit dem Klaus Dörner sich für die Menschen und ihre Lebensweisen interessiert, der Mut, mit dem er ausgetretene Pfade verlässt, Undenkbares denkt und unmöglich Scheinendes tut, das bewegte die Menschen. Und das öffnete sie für seine inhaltlichen, seine fachlichen und gesellschaftlichen Gedanken, Forderungen, Anregungen. Um es knapp zu sagen: Mit seinem Herzen erreichte er Herzen. Ich hatte den Eindruck, dass Klaus Dörner diese emotionale Seite nicht wirklich wahrnahm oder nicht so ernst nehmen wollte. Deswegen möchte ich sie hier betonen. Menschen mit Demenz brauchen nicht nur einen Sozialraum und bewegen sich nicht nur in ihm – sie leben und erleben auch einen emotionalen Raum, einen Raum der Geborgenheit und Zugehörigkeit, einen Raum emotionaler Resonanzen. Klaus Dörner redet nicht nur über Sozialräume, er schafft auch emotionale Räume. Er ermutigt und steckt an.

Dafür bedanke ich mich, auch im Namen aller Zuhörenden.

Lernende Nachbarschaft

»Darf ich zum 80. Geburtstag von Klaus Dörner etwas über die Konzeptentwicklung in Eurem Wohnprojekt schreiben?«, frage ich Anne Leyendecker vom Verein »MITEINANDER – Wohnen in Verantwortung« am Telefon. Sie gehört zu den Gründerinnen des Vereins, der 2010 ein Wohnprojekt für 28 ältere Menschen realisierte, um ihnen die Möglichkeit zu geben, Herausforderungen des Altwerdens und Altseins gemeinsam zu bewältigen. »Natürlich«, sagt sie, »vom Dörner haben wir viele Anregungen bekommen, insbesondere durch sein Buch ›Leben und sterben, wo ich hingehöre‹.«

Nachdem die Bewohner/innen die Aufgaben der Anfangszeit gemeistert, die Chancen und Grenzen des Zusammenlebens erfahren und sich eingelebt haben, wird jetzt die Vorbereitung auf die Hochaltrigkeit der Bewohner/innen mit Blick auf ihre Gebrechlichkeit, Pflegebedürftigkeit und drohende Demenz angestoßen. Ein Prozess, dem viele Menschen gerne ausweichen, weil er sie an die eigenen Grenzen erinnert. Auch wenn die Bewohner/innen des Wohnprojektes für sich nicht in Anspruch nehmen, mit dem Thema fertig zu sein, befassen sie sich mit dem »schmerzlichen« Thema, weil sie wissen, dass das Lernen an den Grenzen stattfindet. Da sich der demografische Wandel bereits im Stadtteil abzeichnet und eine zunehmende Einschränkung der Mobilität bei den Bewohner/innen und auch bei den Älteren in der Nachbarschaft zu beobachten ist, stand von Anfang an fest, dass das Handlungskonzept gemeinsam mit Menschen aus unterschiedlichen Arbeitsbereichen und Wohnumfeldern entwickelt werden sollte.

Weil man auch wusste, dass dieses fachlich begleitet werden musste, wurden Fördergelder beantragt. Nach der Förderzusage wurde ein Steuerungskreis berufen, bestehend aus drei Vorstandsmitgliedern des Vereins, einem Fördermitglied des Vereins sowie der Moderatorin Karin Nell vom Ev. Erwachsenenbildungswerk. Diese ist auch verantwortlich für das Programm »WohnQuartier4«: die Zukunft altersgerechter und inklusiver Quartiere gestalten«. Die Steuerungsgruppe erarbeitete einen Entwurf für den Ablauf und die Themenschwerpunkte der Workshops. Sie organisierte die Veranstaltungen, trug die Daten für eine Stadtteilanalyse zusammen, sorgte für die Dokumentation des Prozesses, die Versendung der Protokolle und bündelte die Ergebnisse nach jedem Workshop. Die Ergebnisse und Erkenntnisse wurden vom Steuerungskreis ausgewertet, darauf basierend ein Gesamtkonzept erarbeitet und Strategien zur Umsetzung entwickelt.

Gemäß den Prinzipien des Vereins: »Partizipation«, »Miteinander auf Augenhöhe«, »transdisziplinäre Zusammenarbeit« sowie »Engagement für das nachbarschaftliche Umfeld« sollten Vertreter/innen aller Gruppen Gelegenheit erhalten, sich an der Konzeptentwicklung zu beteiligen. Eingeladen wurden Menschen, die sich professionell mit dem Thema »Leben im Alter« im Stadtbezirk beschäftigen, und auch Bürgerinnen und Bürger aus der Nachbarschaft, Mitglieder anderer Wohnprojekte, Künstler/innen sowie Vertreter/innen der Kommune, der Verbände und des Stadtbezirks. Schließlich bestand die Arbeitsgruppe aus 33 Personen, die an den Workshops teilnahmen, ihre Erfahrungen einbrachten und sich auf die Zukunftsplanung einließen. Es war ein arbeitsreicher, fantasievoller, fantastischer Prozess, der nach der Erstellung des Konzeptes in die Umsetzungsphase mündete. Dieses Konzept ist ein Meilenstein für Wohnprojekte, die sich ihrer sozialen Verantwortung stellen.

Erhalten kann man es über die Homepage des Vereins: www.miteinander-wohnen.eu

Klaus Dörners Anregungen waren bei unserer Projektentwicklung im Quartier immer von großer Bedeutung, auch wenn er selbst nicht beteiligt war. Seine Gedanken wurden einfach »lebendig«.

Inklusion ist ...

Für Klaus Dörner zum 80. Geburtstag
mit Dank für so viele Anregungen und Ermutigungen

Inklusion ist ein umgestoßenes, zerbrochenes Glas in einem Eiscafé und das Geschenk einer neuen Eisportion und eines Lächelns dazu.

Inklusion ist eine Nachbarschaftsküche gegen die Einsamkeit und eine »kleine Bürgermeisterin« (Schammatdorf, Trier) zum Organisieren des Miteinanders.

Inklusion ist ein gemischter Chor, in dem behinderte und nichtbehinderte Menschen zusammen ohne Notenblätter »Dona nobis pacem« singen.

Inklusion ist ein schwieriges Kind in einem Kindergarten, das seine Aggressivität überwindet, indem es einem schwächeren Kind beisteht und ihm dazu verhilft, mitspielen zu können.

Inklusion ist eine Geschichte, die ein behindertes Kind erzählt und die von einer nichtbehinderten Mitschülerin aufgeschrieben und den anderen vorgelesen wird.

Inklusion ist ein Garten, ein Garten voller Kinder, ein Schulgarten, in dem alle Kinder, auch die schwächsten, ihre jeweils eigenen Aufgaben haben und im Tun lernen, und in dem die Lehrer Fragen beantwortend mitarbeiten und mitarbeitend unterrichten.

Inklusion ist ein Stadtteil-Café mit Tandem-Arbeitsplätzen, in dem Menschen mit Behinderung die Gäste mit wohltuender Herzlichkeit bedienen und auch mal mit einer Umarmung begrüßen.

Inklusion ist ein großer Tisch als Mittelpunkt einer Wohngemeinschaft, ein Tisch mit alten und jungen, behinderten und nichtbehinderten, hilfebedürftigen und helfenden Menschen, ein Tisch mit verschiedensten Menschen im gemeinschaftlichen Genießen und im gegenseitigen Helfen fröhlich vereint.

Inklusion ist ein Pflegebett im Wohnzimmer, wo Leben drum herum ist und immer einer da ist, der einem zu trinken gibt, der einem nahe ist, wenn man nach einem epileptischen Anfall wieder zu sich kommt, der einen zudeckt, wenn man wieder eingenickt ist.

Inklusion ist eine Wärmflasche in der Nacht und ein Mensch, der das Rufen des anderen hört und sich an sein Bett setzt, bis er wieder einschlafen kann.

Inklusion ist das Zusammenleben in Familien und in Gemeinschaften auf der Grundlage von Wahlverwandtschaften (Wohngemeinschaften, Hausgemeinschaften, Wohnhofgemeinschaften, Nachbarschaftsgemeinschaften).

Inklusion ist die Förderung der Teilhabe aller am Zusammenleben durch individuelle Unterstützungsdienste sowie durch Familien- und Gemeinschafts-Unterstützungsdienste, durch ambulante, bürgernahe, bedarfsgerechte Unterstützungsdienste.

Inklusion ist die Begeisterung von Menschen, sich als Nichtprofessionelle in Bürgerarbeit für andere und mit anderen zu engagieren und dabei sowohl mit den Professionellen als auch mit den ehrenamtlichen Unterstützungsdienstleistenden zusammenzuarbeiten – in einem guten *Bürger-Profi-Mix* (Klaus Dörner).

Inklusion ist die Bereitschaft, gerne Steuern und Beiträge zu zahlen, um diese Möglichkeiten von Inklusion verwirklichen zu helfen und damit das Soziale als das Menschliche vom Rand zurück in die Mitte der Gesellschaft zu holen.

Inklusion ist die Erinnerung daran, wie gut jeder Mensch für einen anderen sein kann, und wie gut es tut, wenn wir einander gut sind.

Eine Bürgerbewegung bleiben

Wie bei vielen Initiativen stand am Anfang eine Idee. Da hatten Leute von der Hospizarbeit gehört und andere dafür begeistert. Und so wurde diese Idee im Februar 1991 im kleinen Kreis von zwölf Personen intensiv diskutiert. Schon bald stand fest: Das brauchen wir hier auch! Damit betrat man Neuland, denn die Hospizidee fasste zu diesem Zeitpunkt in Deutschland gerade erst Fuß. Am 3. Oktober 1991 wurde dann die Hospizbewegung Duisburg-Hamborn als Verein eingetragen.

Schon damals wurde deutlich, dass man sich auf den Duisburger Norden ausrichten wollte. Es sollte ja ein Angebot der Bürger für die Bürger sein. Deshalb war die Vernetzung mit dem lokalen Umfeld – Krankenhaus und Ärzte – besonders wichtig. In 1992 konnte in Zusammenarbeit mit den Maltesern das stationäre Hospiz St. Raphael eröffnet werden, welches dann aber 1995 aufgegeben wurde, da die Malteser ein stationäres Hospiz im Duisburger Süden in Zusammenarbeit mit dem Malteserkrankenhaus St. Anna planten. So wurde die Hospizbewegung als ambulantes Hospiz weitergeführt. Was ist aus diesem zarten Pflänzchen geworden?

Bereits nach zwei Jahren hatte sich die Mitgliederzahl auf 200 erhöht. Heute gehören ca. 500 Personen dazu, ca. 90 Ehrenamtliche investieren ihre Zeit in die Begleitung sterbender Menschen, in die Arbeit des Hospiz-Cafés, in Gesprächsgruppen mit Trauernden, den Bürodienst und in eine Bastelgruppe, die mit kleinen Bastelartikeln für Aufmerksamkeit an unserem Informationsstand sorgt.

Und was hat das alles mit Professor Klaus Dörner zu tun? Die Initiative zu unserer Arbeit kam aus den eigenen Reihen. Dahinter stand aber die Erkenntnis, dass das Thema »Sterben« in unserer Gesellschaft tabuisiert und damit ausgeblendet wird, obwohl ein immer größer werdender Bedarf auf Hilfe gerade in dieser Phase des Lebens besteht. Die von Professor Dörner vertretene These, dass Menschen ihren Abschied möglichst in der vertrauten Umgebung nehmen wollen, bestätigt sich hier. Das ist die Motivation für unsere Hospizarbeit. Auch wir spüren, dass heute »Professionalisierung und Institutionalisierung des Helfens an Grenzen stößt« (Zitat Dörner). Diesen Leerraum wollen wir mit unserer Arbeit füllen. So haben wir uns gefreut, dass wir anlässlich unseres dreißigjährigen Jubiläums in 2011 Professor Dörner als Gastredner gewinnen konnten. Seine These, dass es das Gebot der Stunde ist, gerade durch ehrenamtliches, bürgerschaftliches Engagement den »dritten Sozialraum neben dem privaten und dem öffentlichen Sozialraum« mit Leben zu füllen, wollten wir durch seinen Vortrag einer möglichst großen Zuhörergruppe nahebringen.

Wir haben aber auch seine Mahnung im Ohr. Ja, der Gesetzgeber möchte die Hospizarbeit einbinden in ein Netzwerk zur psychosozialen und gesundheitlichen Gesamtversorgung. Das ist die eine Seite der Medaille. Verbunden ist das auf der anderen Seite mit einem immer größer werdenden Aufwand an Dokumentation, die durch Richtlinien und Paragrafen vorgeschrieben wird. Die Hospizarbeit entwickelt sich so unter Umständen nur noch zu einem Rädchen im großen Räderwerk des Gesundheitswesens.

Wir sind Herrn Professor Dörner dankbar, dass er immer wieder darauf hinweist, dass das Feuer des bürgerschaftlichen Engagements ehrenamtlicher Mitarbeiterinnen und Mitarbeiter bestehen bleiben muss, und nicht von Formalitäten erstickt werden darf. Wir wollen als Hospizbewegung Duisburg-Hamborn eine Bürgerbewegung bleiben, vor Ort im Duisburger Norden, so dass man hinter der Hospizidee noch Menschen wahrnimmt, die ihre Zeit mit Liebe in diese Arbeit investieren.

So danken wir Herrn Professor Dörner für seine Denkanstöße und verbinden das mit herzlichen Glückwünschen zu seinem 80. Geburtstag.

Einer, der keinen Sockel braucht

Persönlich kennengelernt habe ich Klaus Dörner sehr spät. Wir waren Referenten bei einer Veranstaltung und der Veranstalter zeigte uns bei einem Ausflug seine durchaus sehenswerte Heimat. Es war ein schöner Tag. Wir machten Witze, erzählten Anekdoten, genossen Kaffee und Kuchen und stellten fest, dass Duisburg, der Geburtsort von Dörner, mit einem bisschen guten Willen doch noch zum Rheinland zu rechnen sei. Rheinländer zu sein, das muss man wissen, ist eine Mentalitätssache. Erklären kann man das nicht, aber es bestehen gewisse Vorurteile, wenn der Rheinländer sein Gegenüber als Ostwestfalen (Gütersloh) einordnet.

Dieser Punkt war also geklärt, und damit stand einer wohlwollenden Zuneigung nichts mehr im Wege. Der Tag wurde noch schöner, als sich herausstellte, dass der fränkische Gastgeber Köln und Bonn kannte (Gütersloh nicht) und beide Städte schätzte. Wäre unsere erste Begegnung dermaßen entspannt und heiter verlaufen, wenn ich Dörner, sagen wir, vor zwanzig oder dreißig Jahren getroffen hätte? Wahrscheinlich nicht. Ich hätte ihn auf Distanz bleibend bewundert, zu ihm aufgeblickt und hätte anschließend voller Stolz erzählt, dass ich ihn persönlich kennengelernt hätte. Ihn, den ich aus der Literatur kannte.

Nebenbei bemerkt müsste man als Bewunderer einmal darüber nachdenken, wie wichtig es wäre, hinter dem Ruf, hinter der Reputation den Menschen kennenzulernen. Man müsste den Mut haben, nicht vor dem Denkmal stehen zu bleiben, sondern hinaufzuklettern. Die Klettertour würde sich bei Dörner auf jeden Fall lohnen. Man entdeckt einen Menschen, der keinen Sockel braucht. Er kann nicht in eine Form gegossen und verankert werden. Er ist viel zu lebendig und neugierig, allerdings auch so unabhängig, dass er sich nicht darum schert, wie die Bewunderer ihn sehen wollen. Er ist frei und er nimmt sich die Freiheit.

Da war es doch gut, dass ich selbst bei unserem ersten Treffen das 60. Lebensjahr bereits überschritten hatte. Seither finden wir, ob durch Zufall oder nicht, immer wieder auf Tagungen zusammen. »Der junge Mann«, wie er mich bei unserem letzten gemeinsamen Auftritt nannte, und der jung gebliebene, der mich auf seine, also auf »dörnernde« Art bewegt.

Selbstverständlich habe ich die persönliche Bekanntschaft genutzt, ihn zu uns in den Kreis Viersen einzuladen. Hier hat er genügend Bewunderer, denen er seine Ideen, zum Beispiel dort zu leben und zu sterben, wo man zu Hause ist, nicht vorstellen musste. Die mehr als hundert Besucher wollten ihren Klaus Dörner einfach persönlich erleben.

Ach ja, ich habe mal mit einem Freund vor vielen Jahren eine Buch mit dem Titel »In Ruhe verrückt werden dürfen« geschrieben. Es war Dörner, der uns zu diesem Titel inspiriert hat. Wir wollten die Menschen, die etwas anders sind, beziehungsweise die Menschen, die sich im Alter vom Verstande weg entwickeln, liebevoll in den Blick nehmen. Und das hatte Dörner schon vor uns getan.

Ulrike Hauffe, Wuppertal
BARMER GEK Hauptverwaltung

Dicke Bretter bohren mit Klaus Dörner

1933 geboren hat Klaus Dörner die menschenverachtende und -vernichtende NS-Zeit und den Krieg als Kind erlebt. Sein ganzes Leben lang hat er sich damit auseinandergesetzt, und dies wiederum hat ohne jeden Zweifel seine Einstellungen und Handlungsweisen geprägt. Klaus Dörner hat seinen Weg gefunden und seinen Auftrag frühzeitig erkannt. Seine Anliegen sind zutiefst menschlich.

Als junge Studentin der Psychologie an der RWTH Aachen ab 1970 lernte ich Klaus Dörner kennen als einen Querdenker, In-Frage-Steller eingeschliffener Versorgungsstrukturen in der stationären Psychiatrie. Und er hat mit seinen Ideen für eine Psychiatriereform Zeichen gesetzt; er hat die Psychiatrie revolutioniert. Nicht mehr professionell gestütztes Verwahren war angesagt, sondern die Aktivierung der Patientinnen und Patienten, die Auflösung geschlossener Psychiatrien und die Integration der Bewohnenden in das alltägliche Leben und die Gemeinschaft. Dieser sozialräumliche Ansatz hat mich politisiert und in meinem weiteren Berufsleben immer begleitet.

2009 dann: Ich hatte gerade das Dörner-Buch »Leben und sterben, wo ich hingehöre« gelesen, und in der Sozialen Pflegeversicherung brodelte die Diskussion um einen neuen Pflegebedürftigkeitsbegriff, in die die BARMER – mit rd. 8,7 Millionen Versicherten Deutschlands größte Pflegekasse – eng eingebunden war. In dieser Phase lud ich Jürgen Gohde, den Vorsitzenden der nach ihm benannten Pflegekommission der Bundesregierung, und Klaus Dörner zu einer Klausur des Verwaltungsratsausschusses für Gesundheit und Verträge der BARMER nach Münster ein. Klaus Dörner hat uns damals mit seinen Thesen zum Dritten Sozialraum aufgerüttelt. Das hat wenige Wochen später zu einer gesellschaftlich und politisch viel beachteten Resolution des BARMER-Verwaltungsrates geführt, in der sich unter anderem folgende Aussagen finden:

Das gemeinwesenorientierte bürgerschaftliche Engagement bekommt eine immer höhere Bedeutung als eine Art dritter Sektor neben Staat und Markt für die Versorgung von Hilfs-/Pflegebedürftigen. »Nachbarschaftshilfe« sollte insofern einen höheren Stellenwert erhalten, um soziales Engagement im Bereich Pflege insgesamt zu fördern, und auch finanziell anerkannt werden. Auch bürgerschaftliches Engagement bedarf der Organisation, die finanziell gefördert werden muss.

In der BARMER und heutigen BARMER GEK hat das Wort von Klaus Dörner Gewicht. Man möchte sofort aufspringen auf sein Pferd und ihn nach Kräften unterstützen. Für einen Träger der Sozialen Pflegeversicherung, dessen Aufgaben klar umrissen sind, fragt sich nur, wie und mit welchen Mitteln. Sei's drum, die Saat ist gelegt. Und wohl niemand weiß besser als Klaus Dörner, was es bedeutet »dicke Bretter zu bohren«.

Er wird sich über das im Herbst 2012 verabschiedete Pflege-Neuausrichtungsgesetz (PNG) gefreut haben. Wenngleich bei Weitem noch nicht ausreichend, weist es mit seinen Ansätzen zur Förderung von Selbsthilfegruppen und zur Stärkung von neuen Wohnformen doch in die richtige Richtung. Die Sache nimmt nun deutlich konkretere Formen an, und dies wiederum hat die BARMER GEK bereits zwei Wochen nach Inkrafttreten des PNG erneut mit Klaus Dörner diskutiert. Nicht zuletzt seine Anregungen und Anstöße haben zu einer weiteren Klausur des neuen Verwaltungsratsausschusses für Prävention, Versorgung, Rehabilitation und Pflege beigetragen, die im Juni 2013 stattfindet und den künftigen Weg der BARMER GEK in Sachen Dritter Sozialraum ausleuchten soll.

Lieber Klaus Dörner, sehr geehrter Herr Professor, ich gratuliere Ihnen sehr herzlich zu Ihrem runden Geburtstag und danke aufrichtig für Ihr segensreiches Wirken. Sie waren Vordenker und Weichensteller zugleich, haben sich mit Besitzstandswahrern und Bedenkenträgern angelegt und dem Amtsschimmel mehr als einmal die Stirn gezeigt. Lassen Sie nicht locker und machen Sie weiter! Bisweilen werden Visionen Wirklichkeit, und vielleicht kann auch die BARMER GEK den Beweis dafür liefern, wenn Sie ein drittes Mal bei uns zu Gast sind.

Mit Anerkennung und Bewunderung
Ihre Ulrike Hauffe

Die subjektive Bedeutung entscheidet

Kaum ein Buch hat mich, mein Denken, mein Handeln, meine inhalt-lich-berufliche Orientierung mehr geprägt als das von Klaus Dörner gemeinsam mit Ursula Plog 1978 publizierte Lehrbuch der Psychiatrie und Psychotherapie »Irren ist menschlich«. Es begleitete mich fast 35 Jahre und entsprechend durchgearbeitet, zerfleddert sieht es heute aus.

Als damals fast 30-Jähriger wurde mir – entgegen damaliger Lehrmeinung – deutlich, dass nicht das kalendarische Alter, sondern vielfältige biologische, psycho-soziale, kulturelle, gesellschaftliche, ökonomische Faktoren die Erscheinungsform des alternden Menschen beeinflussen. So hat mich Klaus Dörner neugierig werden lassen, was sich hinter der faltenreichen Fassade hochbetagter Menschen an lebensgeschichtlichen Erfahrungen, Erlebnissen und Erkenntnissen verbirgt.

Klaus Dörner hat mich gelehrt, dass die subjektive Bedeutung einer Sache prägend ist. Er hat mich angeregt, die subjektive Wahr-nehmung objektiver Gegebenheiten gemeinsam mit betagten Menschen zu erkunden und zu erkennen, dass der Verlust von Gesundheit oder ein Heimeinzug höchst unterschiedlich erlebt wer-den und dass die subjektive Bewertung bedeutsamer für den altern-den Menschen und die versorgenden, betreuenden und pflegenden Menschen ist als das Ereignis an sich.

Für mich war und ist Klaus Dörner mein ethisch-geistiger Mentor, Vordenker und Wegbegleiter. Sein Denken und Handeln gewinnen für mich an Glaubwürdigkeit und Authentizität, da er das, was er sagt und schreibt, persönlich lebt. Er doziert nicht vom Katheder. Er sucht die Begegnung, den Dialog mit den Menschen, den Bürgern – deren Sein und Zukunft liegen ihm tatsächlich am Herzen.

Bemerkenswert – und das ist keine Frage seines Alters, sondern seiner Haltung – finde ich, dass er auf die angeblichen Annehmlich-

83

keiten moderner Kommunikationstechnologie verzichtet. Er nutzt weder Mobiltelefon, I-Pad oder E-Mail, er führt seine Korrespondenz persönlich. Die »Postkarten« sind sein Markenzeichen – teils handgeschrieben und teils – oh welcher Fortschritt – vermutlich auf der guten alten Reiseschreibmaschine »Erika« getippt. Die digitale Welt scheint ihm fremd, unnahbar und zu anonym zu sein – er lebt in und von der Unmittelbarkeit und Direktheit mit und für Menschen.

Als mir klar wurde, dass wir mit den »10. Bad Arolser Studientage« der Altenpflege diese Tagungsreihe abschließen würden, war es mein größter Wunsch, Klaus Dörner als Referenten für die Abschlussveranstaltung zu gewinnen. Und es brauchte nur eine Anfrage, um sein Kommen zu sichern. Nach Abklärung der inhaltlichen Thematik entspann sich dann – und so ist er – eine sehr natürliche, menschliche Korrespondenz. Es ging um Fragen der Erforderlichkeit einer Übernachtung. Klaus Dörner: »Dass ich, wenn's eben geht, lieber zu Hause schlafe, hängt bei mir mit dem Altern zusammen: man weiß nicht, wie oft man seine Frau noch sieht.« Oder auch um den mehr als nachvollziehbaren Wunsch, nach seiner Ankunft einen guten Kaffee zu bekommen oder, wenn Hotel unumgänglich, dann bitte ein Raucherzimmer für ihn zu reservieren. So ist Klaus Dörner, menschlich, bodenständig, bürgernah.

Aber dann kann Klaus Dörner auch kritisch, nein äußerst kritisch und kämpferisch werden, wenn es um das »Einsperren« betagter Menschen in Heimen geht und er Heime als »Konzentration des Unerträglichen« anprangert. Aber er belässt es nicht bei dieser Kritik, sondern engagiert sich für alternative, bürgernahe und vor allem integrierende Lebens-, Wohn- und Versorgungsformen und hat sich so der Verwirklichung der bürgernahen Kultur des Helfens verschrieben – Leben und Sterben, wo ich hingehöre.

Alle kennen seinen Namen

Das Mehrgenerationenhaus Heilhaus in Kassel-Rothenditmold steht Menschen in allen Phasen des Lebens offen. Hier werden Geburt, Leben und Sterben unter einem Dach miteinander verbunden. Das Spektrum umfasst die Betreuung von Schwangeren, Neugeborenen und jungen Familien bis zur quartiersnahen Versorgung von Menschen mit unterschiedlichem Hilfebedarf und die Begleitung schwerstkranker Menschen bis zum Tod.

Den Kontakt mit Herrn Professor Dörner haben wir im Oktober 2009 aufgenommen, um ihm das Mehrgenerationenhaus Heilhaus und geplante neue Aktivitäten im Stadtteil vorzustellen. Es freute uns, als Herr Dörner unsere Einladung annahm und am 31. März 2010 zu uns kam.

Nach einer Führung im Heilhaus und der angrenzenden Siedlung konnten wir Herrn Dörner unsere neuen Vorhaben vorstellen und seinen fachlichen Rat dazu einholen. Ziel der Besprechung war es, eine Ausrichtung für ein geplantes Modellvorhaben zu bekommen und ihn mit seinem guten Ruf und Know-how für die Anerkennung des Heilhauses als Kleinstpflegeheim zu gewinnen.

Im Rahmen des Gesprächs sprach er die Empfehlung aus, Nischen zu besetzen und vom chancenlosesten Menschen auszugehen. Von Überlegungen, ein Modellvorhaben zur Weiterentwicklung der Pflegeversicherung nach § 8 Abs. 3 SGB XI zu initiieren, riet er ab. Erfolgversprechender hielt er unseren anderen Ansatz, mit dem Aufbau eines Mehrgenerationenhospizes neue Wege zu gehen. Darüber hinaus machte er uns Mut, andere Wohnprojekte mit unserem Know-how zu beraten.

Seitdem sind drei ereignisreiche Jahre vergangen, in denen wir uns stark weiterentwickelt haben, auch unter dem Einfluss des Gesprächs mit Professor Dörner. Unter anderem haben wir für unseren Stadtteil ein gemeinnütziges medizinisches Versorgungszentrum und einen Ambulanten Pflegedienst Heilhaus gegründet.

Mehrere Menschen, die aufgrund ihres hohen Pflegebedarfs normalerweise stationär untergebracht sind, konnten bislang in der Siedlung am Heilhaus ambulant betreut werden, darunter zum Beispiel ein Mensch in einem späten Stadium von Morbus Huntington. Weiterhin erproben wir eine Wohngemeinschaft, in der drei Frauen unterschiedlichen Alters und mit unterschiedlichen Beeinträchtigungen leben: eine Hochbetagte, eine Frau mittleren Alters mit Schlaganfall und eine jüngere mit einer Nervenerkrankung.

Im Juni 2013 werden zwei barrierefreie Neubauwohnungen bezugsfertig, in denen Menschen, die auf Transferleistungen angewiesen sind, ambulant betreut werden und mit professionellen und nachbarschaftlichen Hilfen ein selbstständiges Leben führen können.

Darüber hinaus planen wir mit der städtischen Wohnungsbaugesellschaft eine Kooperation, mit der hilfebedürftige Menschen in ihrem Quartier bleiben können.

Der Besuch von Professor Dörner ist mir immer in Erinnerung geblieben. In jedem Gespräch und jedem städtischen Ausschuss zum Thema Pflege oder Gemeinwohl ist Herr Dörner ein Begriff. Als Dipl. Kaufmann habe ich mich nicht im Studium mit seinen Büchern beschäftigt, im Gegensatz zu den Sozialpädagog/inn/en. Ich finde es bemerkenswert, dass alle Menschen, die an innovativen neuen Formen des Zusammenlebens arbeiten, den Namen Dörner kennen und bewundernd über ihn sprechen. Er ist überall bekannt, beim Landeswohlfahrtsverband, bei den Krankenkassen, in der städtischen Verwaltung. Das zeigt mir, welche bahnbrechenden Dinge er in der Soziallandschaft bewegt hat. Viele bekommen glänzende Augen, wenn sie seinen Namen hören.

Besonders freuen wir uns, dass auch sein Besuch in Kassel bei ihm eine Resonanz gefunden hat. In seinem Buch »Helfensbedürftig« schreibt er, dass die Hospizbewegung von uns »... die (dringend benötigte) Perspektive des ›Mehrgenerationenhospizes‹ lernen...« könne.

Wir wünschen Herrn Dörner alles Gute zum Geburtstag und freuen uns, wenn er zur Eröffnung des ersten Mehrgenerationenhospizes im Frühjahr 2015 zu uns kommt.

Wächter der Stimmlosen

Die erste Begegnung mit Prof. Dörner fand im Paul-Löbe-Haus des Deutschen Bundestages in Berlin statt – ich glaube, es war 1998. Bundestagsabgeordnete hatten auch Herrn Dörner interfraktionell im Rahmen der Enquete-Kommission »Recht und Ethik der modernen Medizin« eingeladen.

Als damalige Vorsitzende des »Deutschen Hospiz- und Palliativverbandes e.V.« freute ich mich über die Gradlinigkeit und Vehemenz, mit der Prof. Klaus Dörner seine Meinung vertrat. Ihm ging es um den gesellschaftlichen Auftrag, dem Menschen entsprechend Artikel 1 unseres Grundgesetzes – »Die Würde des Menschen ist unantastbar« – zu begegnen und entsprechende Hilfen zu organisieren.

Sein bewegter beruflicher Werdegang lässt ihn den Menschen vielfältiger wahrnehmen und ihn in seiner Andersartigkeit annehmen. Unsere Begegnungen waren stets von der Toleranz, dem Respekt und der Achtung geprägt, die sich auch in der hospizlichen Werteorientierung wiederfindet. So beschreibt er im »Kurshandbuch Ehrenamt – Hospiz ist Haltung« (2011) sowohl die Folgen der Institutionalisierung der Hospizbewegung, als auch die Blickrichtung der Bürger, die in der bürgerbewegenden Haltung die hospizliche Werteorientierung integrieren können.

Sein konstruktiver, streitbarer Charakter führte bei vielen gesellschaftspolitischen Auseinandersetzungen dazu, dass Menschen gemäß ihrem individuellen Bedürfnis leben und sterben können.

Als Ehrenvorsitzende des Deutschen Hospiz- und Palliativverbandes danke ich Prof. Klaus Dörner im Namen aller hospizlich, bürgerbewegten Menschen für sein bisheriges Wirken. Seine Kontroversen haben die Menschen nachdenklich werden lassen, wenn es um Randgruppen der Gesellschaft ging. Die stets kritischen Anmerkungen bei dem Versuch, Schwächere abzuschieben, haben Aufmerksamkeit erzeugt. Diese Art der Aufmerksamkeit hat auch die Politik dazu bewogen, Akzente neu zu setzen und tradierte Haltungen zu überdenken.

Wenn ich Prof. Klaus Dörner charakterisieren dürfte, so gäbe es Begriffe wie Rebell, Wächter der Stimmlosen und Kämpfer für eine bessere Organisationsethik.

So erinnere ich mich lebhaft an einen Hospiztag in Düren, wo Prof. Dörner in seiner ihm unnachahmlichen, referierenden Weise die über 200 Teilnehmenden befragte, ob auch sie schon mit ihren Kindern über das Alter diskutiert hätten, da es doch eine Selbstverständlichkeit sei, dass die Kinder sich auch im Alter ihrer Eltern annehmen und bis zum Ende kümmern.

Diese Art der Provokation spiegelt das Anliegen von Prof. Dörner wider. Den Menschen zu ergreifen, damit ihm selbst begreifbar wird, was sein Tun gesellschaftlich bewirkt. Für uns in der Hospizbewegung ein zutiefst spiritueller Ansatz, der aufrührt, wachrüttelt, um der Zukunft ein mitmenschliches Gesicht zu verleihen.

Mit der Vollendung des achtzigsten Lebensjahres gilt der Dank seinem »Lebenswerk«, das immer den Menschen galt, die selbst keine Stimme und keine Kraft hatten, sich auf den Weg zu machen. In diesem Sinne wünsche ich ihm im Kreise der Familie noch viel Freude für das Kommende, verbunden mit der besinnlichen und vielleicht auch genussvollen Betrachtung des Bisherigen.

Er lebt, was er schreibt

Es war im Jahre 2007 in Hamburg, auf dem 1. Norddeutschen Wohn-Pflegetag, als ich Prof. Dr. Dr. Dörner das erste Mal persönlich erlebte. Er beeindruckte mich von den ersten Augenblicken an. Seine Natürlichkeit, seine Einfachheit, seine Bereitschaft und Fähigkeit, auf Augenhöhe mit den Menschen ins Gespräch zu kommen, das war es, was mir ziemlich schnell auffiel. Seine Worte, sein Beitrag schienen mir glaubwürdig, das war es auch, was ihn mir so sympathisch machte. Er referierte nicht, nein er erzählte mehr und berichtete von seinen Erfahrungen im Umgang mit den Menschen und deren Bedürfnissen, wie er es auch in seinem Buch »Leben und sterben, wo ich hingehöre« beschrieben hat.

Nach seinem Vortrag sprach ich ihn auf eine Situation in meiner Nachbarschaft an. Er hörte interessiert zu und gab ein paar gute Ratschläge.

Ich begann, mich für das Bielefelder Modell zu interessieren, und traf ihn bei einem Seminar in Bielefeld wieder. Erstaunt war ich, dass er sich an mich und mein besonderes Interesse erinnerte. Er vermittelte mir das Gefühl von Gleichwertigkeit und zeigte Wertschätzung für meine Arbeit. Die Begegnungen ermutigten und bestärkten mich darin, auf dem richtigen Weg im Hinblick auf die Schaffung von guten Bedingungen für ein zufriedenes Altern zu sein. Seine Ideen und Erkenntnisse sollten auch unsere Vereinsarbeit beeinflussen.

Sein Menschenbild überzeugte mich und den daraus resultierenden Bedarf an Veränderung besonders im Umgang mit den hilfebedürftigen Menschen. »Pflege und Betreuung muss individualisiert werden, Wahlfreiheit und Selbstbestimmung müssen in den Vordergrund rücken.« Der Bürger bekommt wieder einen größeren Stellenwert. Der Bürger-Profi-Mix wird einen maßgeblichen Anteil an der Umsetzung des Zieles zu einer Dienstleistungsgesellschaft bekommen, die dem Bürger eine Versorgungssicherheit in seinem Umfeld bieten kann.

Als ich Herrn Dörner zu einer geplanten Tagung unseres Vereins »Neues Wohnen im Alter e.V., Köln« einlud, imponierte uns die Kommunikationsart mit ihm. Auch hier ist das Individuelle seine persönliche Note. Der Kontakt von ihm zu uns lief über Postkarten. Kurze knappe Informationen, beschränkt auf das Wesentliche, aber herzlich.

Auf unserer Tagung brillierte er durch seine bescheidene Art und wertschätzende, menschenfreundliche Sichtweise. Besonders beeindruckt waren die Teilnehmer von Inhaltsauszügen aus seinem Buch »Helfensbedürftig« und seinen Erklärungen wie z.B. »Jeder Mensch braucht eine Tagesdosis an Bedeutung für andere, er möchte gebraucht werden, er braucht eine Arbeit, die ihn bestätigt. Ruheständler haben mehr Zeit als die Jüngeren bieten können. Ruhestand ohne Aufgabe macht krank.« Klaus Dörner war für viele eine erste und gute Begegnung.

Viele fühlten sich durch seine Botschaften bestärkt in ihrem Tun. Er lebt, was er schreibt, das macht ihn ebenfalls aus!

Er blieb bis zum Ende der Tagung, und das, obwohl er einen langen Heimweg vor sich hatte. Ihm hatte die Veranstaltung mit ihrer guten Atmosphäre gefallen, auch daraus machte er keinen Hehl und schrieb uns dieses natürlich wieder per Postkarte. Wir planten direkt eine Folgeveranstaltung, die wieder in Köln stattfinden wird.

Menschen wie Klaus Dörner geben Mut und Hoffnung zur Bewältigung erforderlicher Aufgaben, besonders in der Arbeit mit alten und behinderten Menschen und in Bezug auf ihre Einbeziehung, Zugehörigkeit und selbstverständliche Teilhabe am Leben der Gesellschaft.

Lieber Herr Dörner, es ist schön, dass es Sie gibt! Wir wünschen Ihnen noch viele Jahre in Gesundheit, mit guten Begegnungen!

Werner Peters, Köln
Künstler-Hotel Chelsea

Die radikale Umkehr
konventionellen Denkens

Meine Begegnungen mit Klaus Dörner sind weder zahlreich noch kontinuierlich, sie beschränken sich auf einige Vorträge von ihm und zwei Veranstaltungen in einem weiten zeitlichen Abstand, zu denen ich ihn eingeladen habe. Aber diese Begegnungen haben sowohl durch den Inhalt dessen, was Klaus Dörner vorgetragen hat, als auch vor allem durch seine Persönlichkeit einen tiefen Eindruck hinterlassen, der über die Jahre geblieben ist und weitergewirkt hat.

Ich habe Klaus Dörner in den späten 1980er-Jahren bei einem Kolloquium der damals gerade gegründeten Gesellschaft für Philosophische Praxis kennengelernt. Ich hatte mich dieser Gesellschaft angeschlossen, weil ich dabei war, mich aus meiner beruflichen Tätigkeit als Politikberater zu lösen und mich die Idee von Lebensberatung auf philosophischer Basis faszinierte. Das Kolloquium ging wohl um die Beziehung von Psychotherapie und Philosophie. Manche Vorträge waren interessant, manche banal – der Auftritt von Klaus Dörner war elektrisierend. Er sprach über sein damaliges Thema, die Reform der Psychiatrie und seine Erfahrungen aus Gütersloh mit dem Versuch, die psychisch Kranken aus den Anstalten heraus in eine Art Normalität zu führen. Für mich war dieses revolutionäre Projekt völlig neu, und hätte da nicht ein Mann von der inneren Überzeugung und Authentizität eines Klaus Dörner gesprochen, ich hätte diese Ideen für »verrückt« erklärt. So aber hat mich dieses neue Denken beeindruckt, und ich habe mir seine Bücher besorgt und mich weiter mit diesem Thema befasst.

Damals sprach ich Klaus Dörner an und bat ihn, bei mir in meinem Café, in dem ich gerade begonnen hatte, eine Vortragsreihe »Philosophie im Central« zu etablieren, seine Gedanken vorzutragen. Ich wusste damals nicht, wie bekannt, ja berühmt Klaus Dörner war, jedenfalls war der Ansturm zu dieser Veranstaltung riesig, und es war ein bewegender Abend.

Die zweite Begegnung ist noch nicht so lange her und hat mich mit dem neuen Projekt von Klaus Dörner bekannt gemacht, das ja in gewisser Weise nur eine konsequente Fortsetzung des damaligen ist, nämlich die zunehmende Ghettoisierung bestimmter Gruppen von Menschen, in diesem Fall der Alten und Dementen, aufzubrechen. Es war wieder ein Kolloquium, diesmal von Prof. Gernot Böhme im Rahmen seines Instituts für Praxis der Philosophie organisiert. Das Generalthema lautete »Alternative Wirtschaftsformen«, und ich war auch eingeladen, einen Vortrag über »Generosität – Versuch einer Ethik für eine post-kapitalistische Gesellschaft« zu halten.

Als ich das Programm erhielt und feststellte, dass auch Klaus Dörner mit einem Vortrag über »Nachbarschaftswirtschaft im Dritten Sozialraum« vertreten sein würde, war ich auf das etwas sperrige Thema gespannt, vor allem aber habe ich mich auf das Wiedersehen mit diesem beeindruckenden Menschen gefreut.

Ich habe ihn erneut zu einem Vortrag in mein Café eingeladen, und wieder erlebten die Teilnehmenden und ich einen bewegenden Abend. Klaus Dörner überrascht selbst politisch engagierte Menschen, zu denen ich mich zähle, damit, dass er konventionelles Denken, in diesem Fall das Problem der wachsenden Zahl der Dementen und der einsamen und kranken Alten, radikal umkehrt und Lösungen vorschlägt, die man zunächst für unrealistisch hält, für die er aber mit überzeugenden Argumenten zu werben versteht. Für diese Aufgabe ist ihm keine Anstrengung zu schwer. Wir erfuhren von ihm, dass er in dieser Sache an 150 bis 200 Tagen unterwegs ist, um Menschen aufzuklären und sie zum Umdenken, aber eben auch zum praktischen Handeln zu bewegen. Dafür verdient er den Dank nicht nur der Betroffenen, sondern der Gesellschaft im Ganzen.

Ein Sechser im Lotto

Alles begann mit einem Telefonat. Mit Herzklopfen und dem Mut, dass der Glaube Berge versetzen kann, rief ich im November 2009 Professor Dörner zu Hause an.

Vorher hatte ich eines seiner aktuellen Bücher gelesen, mein Bruder hatte es mir empfohlen.

Ich beabsichtigte, mit einigen Mitarbeitern der Fokolar-Bewegung das jährliche Treffen der Gruppierung »Neue Gesellschaft« in Solingen unter das Thema »Umgang mit erhöhtem Hilfebedarf und Alter« zu stellen. Bei einem Vorbereitungstreffen überlegten wir uns, Professor Dörner als Hauptredner einzuladen. Also habe ich mein Herz in die Hände genommen und bei ihm angerufen. Und – oh Wunder – er kannte die Fokolar-Bewegung über eine Psychologin, die mit seiner Hilfe eine Hospizgruppe gegründet hatte. Da fiel mir schon der berühmte Stein vom Herzen. Professor Dörner war bereit, neben dem Eröffnungsreferat am Nachmittag auch noch einen Workshop zu übernehmen. Und: Sogar der von uns gewünschte Termin im März 2010 war möglich! Das kam einem Sechser im Lotto gleich. Ich konnte mein Glück kaum fassen.

Persönlich trafen wir uns dann das erste Mal in der Eingangshalle des Kölner Hauptbahnhofes. Professor Dörner trug seine weithin bekannte Jacke, und ich hatte meinen schwarzen Hut als Erkennungszeichen aufgesetzt – wir erkannten uns sofort. Mit den beiden Verantwortlichen für den »Tag der Neuen Gesellschaft« verbrachten wir eine inspirierende Zeit zur Tagungsvorbereitung.

Zur Veranstaltung selbst reiste er wie immer mit der Bahn an und wäre am liebsten zu Fuß zum Tagungsort gekommen. Mit seiner gewinnenden und überaus heiteren Art seines Vortrages eroberte er die Herzen der Zuhörerinnen und Zuhörer. Großartig war seine geschichtliche Einordnung der Phänomene, denen wir heute begegnen. Das machte auch auf die jugendlichen Teilnehmenden großen Eindruck. Historische Zusammenhänge in einem neuzeitlichen Phänomen aufzuzeigen, das geschieht nicht so häufig.

Die Veranstaltung war gut besucht und löste auch über die Mittagszeit einen regen Gedankenaustausch aus. Überall wurde diskutiert. Auch das ist eine Fähigkeit von Professor Dörner: Menschen in Austausch zu bringen. Und das bis heute!

Seit dem »Tag der Neuen Gesellschaft« trifft sich bei uns regelmäßig eine Arbeitsgruppe, um die Bedingungen zu beleuchten, die zu der (Wieder)Belebung des dritten Sozialraums notwendig sind. Bei Vergleichen mit Texten des verstorbenen Aachener Bischofs Klaus Hemmerle entdeckten wir eine interessante gedankliche Verbundenheit. Professor Dörner beschreibt und betont zum Beispiel die Kultur des »Gebens«. Dazu eine Textstelle von Klaus Hemmerle: »Jeder hat, was er gibt – Ermutigung zur Selbsthingabe« mit den vier Schritten:
1. Gib, was du hast – sonst hast du es nicht.
2. Gib, was du bist – sonst bist du es nicht.
3. Gib, was du nicht hast – so ist es dein.
4. Gib, was du nicht bist – so bist du mehr als du selbst und bist erst ganz, was du bist.«
(Der gesamte Text findet sich im Internet unter www.klaus-hemmerle.de, »Texte« und dann: »Jeder hat, was er gibt«).

Über einen Briefwechsel fanden wir heraus, wieso Professor Dörner sich den Gedanken von Bischof Hemmerle stets verbunden fühlte. Bischof Hemmerle war Schüler von Bernhard Welte, und auch Professor Dörner hat als Student regelmäßig Vorlesungen von Bernhard Welte besucht.

Nicht nur die gemeinsame Verbundenheit mit Emmanuel Levinas, sondern auch die Phänomenologie von Welte sind Parallelen dieser beiden ungewöhnlichen Denker.
Dies zu entdecken war erneut wie ein Sechser im Lotto.

Kerstin Gärtner, Eisenach
Diakonisches Bildungsinstitut Johannes Falk gGmbH

Prof. Dörner fährt schwarz

> *»Ich liebe Den, dessen Seele sich verschwendet,*
> *der nicht Dank haben will und nicht zurückgiebt:*
> *denn er schenkt immer und will sich nicht bewahren.«*
> Friedrich Nietzsche: Also sprach Zarathustra

Wer an Prof. Dr. Dörner denkt, kommt nicht um eine Farbe herum: Schwarz. Und das aus gutem Grund. Denn Prof. Dr. Dörner fährt schwarz. Mit der schwarzen BahnCard 100. Und er trinkt schwarz in Form jeder Menge heißen Kaffees. Mischt man dem Schwarz etwas Weiß hinzu, erhält man schnell die Farbe des Rauchs, der nicht von Prof. Dr. Dörners Seite weicht. Ursache hierfür ist seine Pfeife, ohne die Prof. Dr. Dörner noch nie angetroffen wurde. Entfernt man das Weiß aus dem Grau, enthält man wieder Schwarz. Die Farbe, die Prof. Dr. Dörner nicht nur anzieht, sondern die auch zu seiner Waffe wird mittels schwarzer Tinte. Die nutzt er, um mit seiner Schreibmaschine Worte auf unschuldig weißes Papier zu drücken. Worte sind sein Mittel zum Zweck, gar die Instrumente seiner Vision. Diese entlädt sich nicht nur in seinen zahlreichen Publikationen, sondern vor allem in seinen Vorträgen, für die er nicht müde wird, quer durch Deutschland zu reisen.

Schwarz steht für Individualität und Eigenständigkeit. Für Seriosität und Macht. Aber auch für das Unheilvolle. Und obwohl Schwarz die Farbe der düsteren Seite ist, büßt es nicht an Faszination ein. Denn nicht nur die Bösen wie Darth Vader tragen Schwarz. Auch die Rächer, wie Zorro zum Beispiel. Tillmann Prüfer hält auf http://www.zeit.de/2010/15/Schwarz-design/seite-2 fest:

»[...] Schwarz meint es ernst. Und es ist bitter nötig, dass wir Ernst machen. Spätestens die Wirtschaftskrise hat Schluss gemacht mit der Spaßgesellschaft, die noch den Beginn dieses Jahrtausends prägte.

Die 2010er-Jahre sind die Dekade, in der wir viel zu tun haben werden. Es sieht nicht danach aus, als hätten wir Zeit, uns in die Kissen sinken zu lassen. [...]«

In die Kissen sinken, den Fernseher anschalten und die Chipstüte öffnen wird Prof. Dr. Dörner wohl noch lange nicht. Denn er gehört zu denen, die neue Zeiten kommen sehen. Das hat er nicht zuletzt mit seinem Werk »Leben und sterben, wo ich hingehöre« zum Ausdruck gebracht. Und auch hier kommt wieder Schwarz ins Spiel: Denn Schwarz ist die Farbe derer, die progressiv denken. Schon im 17. Jahrhundert trugen die niederländischen Kaufleute Schwarz, um sich vom Prunk der Adelsgesellschaft abzugrenzen. Und die Existenzialisten wählten das »All Black Costume«, als sie sich von der Bourgeoisie distanzieren wollten. Damit wird Schwarz zur Farbe der Rebellion.

Neben den revoluzzerischen und unheilvollen Eigenschaften des Schwarz' gibt es noch eine andere. Eine substanzielle. Denn Schwarz lenkt den Blick auf das Wesentliche. Deswegen existiert wohl keine bessere Farbe, um Prof. Dörner zu beschreiben. Denn was er will, ist das Wesentliche – und das ohne Umschweife.

Wir interpretieren das so: Hören wir auf, uns zu verlieren, Institute zu gründen, oder uns gar mit den Namen unserer Krankheiten anzusprechen. Wir sind keine Fälle, wir sind Menschen. Schießen wir – frei nach Friedrich Dürrenmatt – ins Blaue, und treffen ins Schwarze. Werden wir wagemutig! Und kümmern wir uns um uns. Dort, wo wir hingehören.

Das ist natürlich ganz schön radikal. Und das Radikale ist immer streitbar. Deswegen fahren wir auch in Zukunft gern schwarz mit Prof. Dr. Dörner.

In einem Zugabteil, in dem es nach Kaffee riecht und in dem einen der Tabakrauch in die Nase steigt. Wo die Abwesenheit von Licht uns auf das Wesentliche – und damit uns selbst – aufmerksam macht.

Vor allem aber in einem Zugabteil, in dem man sich trefflich streiten kann.

Christine Theml, Jena
Aktion Wandlungswelten

Bewundernswerte Wandelbarkeit

Meine erste Begegnung mit Professor Klaus Dörner hatte ich auf einer der Gütersloher Fortbildungswochen. Kurz nach der Wende war ich nach einem längeren Psychiatrieaufenthalt auf noch wackligen Beinen zu ihr gefahren. Einen Nachweis für meine Psychiatrieerfahrung, um von der Teilnahmegebühr befreit zu werden, hatte ich nicht. Ich fragte Prof. Dörner, was ich denn tun müsse, und statt väterlich-ärztlich mir hilfreich zu sein, verwies er mich an die Personen am Einlass. Hilfe zur Selbsthilfe war mir so noch nicht begegnet. Meine Neugier wuchs, als ich hörte, er habe den Beweis dafür erbracht, dass niemand in einer Institution leben müsse. Prof. Dörner schaffte es, auf einer Langzeitstation chronifizierte Patienten in ihre oder eine andere Gemeinde zu integrieren. Dabei blieb er nicht stehen. Neben dem Wohnen gehöre Arbeit zu einem sinnerfüllten Leben. »Jeder Mensch will notwendig sein«, so lautet eine der Dörnerschen Überzeugungen, die, einmal verinnerlicht, man nicht mehr vergisst.

Zu diesem Thema lud ich den nun auch im Osten Deutschlands bekannten Sozialpsychiater 1993 zu einem Vortrag nach Jena ein. Das Besondere an seiner Vortragsart ist das Griffige. Er hat zu seinen Themen eine große Nähe, durch die man den Eindruck gewinnt, eigentlich ist alles ganz einfach, weil es so plausibel ist. Aber das täuscht. Jahr für Jahr mussten wir erfahren, dass behinderte Menschen mehr und mehr vom Arbeitsmarkt verdrängt wurden. Auch folgte zunehmend der Entlassung von Langzeitpatienten aus den Kliniken eine Verlagerung in Heime.

Was ich an Klaus Dörner bewundere, ist seine Wandelbarkeit. Er verbitterte nicht, wenigstens nicht sichtbar, sondern erschließt neue Themen wie jetzt die Nachbarschaftshilfe. Sie liegt seinen Ideen natürlicher Netzwerke nahe. Nachbarn könnten den Hilfebedarf besser abdecken als Institutionen, die eher künstliches Leben erzeugen.

Zum Thema »Leben und sterben, wo ich hingehöre« luden wir Prof. Dörner zur Woche der seelischen Gesundheit 2010 erneut ein. Als ich ihn am Bahnhof abholte und gen Norden schaute, wölbte sich am Himmel ein Regenbogen von der Saale über die Schienen bis in die Jenaer Berge. War das ein Zeichen? Leider verschwand der Regenbogen, als der Zug einrollte, und ihm blieb nur das Schmunzeln, als ich ihm von diesem zauberhaften – ein Lieblingswort Dörners – Naturschauspiel erzählte.

Prof. Dörner ist nah dran am Leben, noch immer. So würdigt er die Umsetzung der Idee des Mehrgenerationenzentrums von »Aktion Wandlungswelten Jena e.V.«, wo behinderte und nichtbehinderte Menschen zusammenwohnen.

Er blieb seinen Themen all die Jahre treu, auch wenn er sie den gesellschaftlichen Gegebenheiten anpasste. Er setzt sich immer wieder dem zugigen Wind aus, der real auf Bahnhöfen herrscht und übertragen in der Fachwelt und überhaupt im Leben. Kritisch möchte ich anmerken, dass ihn sein Zorn auf die Vermarktung des Gesundheitssektors manche neue Erkenntnis abwehren lässt, z.B. die Rolle von Traumata.

Als ostdeutsche und betroffene »Neueinsteigerin« staunte ich oft nicht schlecht, wenn bei Tagungen die einstigen Recken der Psychiatriereform ihre Geschichten erzählten. So etwas vermissen wir heute, wo dauernd gefragt wird, ob es sich rechnet. Beim Erinnern wird manches überhöht, aber wir Nachkommenden müssen doch auch von etwas anderem als nur dem Vernünftigen, dem Bezahlbaren zehren können.

Noch etwas Persönliches zum Schluss. Als Klaus Dörner zum zweiten Mal nach Jena kam, hatten wir Zeit zum Plaudern. Er schwärmte von dem Buch »Alexander von Humboldt – Mein vielbewegtes Leben: Der Forscher über sich und seine Werke«, herausgegeben von Frank Holl. Ich kannte es, meine Tochter hatte es lektoriert. Das gefällt mir, wenn man sich unter verschiedenen Facetten begegnet.

Jörg Reichert, Dresden
FamilieNetz am Uniklinikum

Lebensgewicht

In der Dresdner Universitätskinderklinik hatte ich Gelegenheit, gemeinsam mit Professor Mario Rüdiger im Bereich der Frühgeborenenversorgung psychologische, pädagogische und sozialmedizinische Gedanken konkrete Gestalt annehmen zu lassen. Etabliert wurde das »FamilieNetz«, um Familien frühgeborener und kranker neugeborener Kinder so begleiten zu können, dass sie die Herausforderungen, vor denen sie stehen, als bewältigbar erleben. Von Anbeginn an berichteten wir über unsere Erfahrungen auf jährlich stattfindenden Herbsttagungen.

Frühgeburt und Krankheit eines Neugeborenen bedeuten Anfänge und Abschiede. Anfänge, weil neues Leben beginnt und die Familie sich erweitert; Abschiede, weil sich Gewohnheiten und Erwartungen in der neuen Realität nicht immer wiederfinden. 2010 nun lud ich Klaus Dörner zu einem Herbsttag »Frühgeburt – zwischen Anfang und Abschied« ein und bat ihn um einen Vortrag zum Thema »Lebensgewicht«. Ich hatte alle meine Umwerbung in ein Telefonat und einen Brief gesteckt und hoffte, er würde zusagen. Einige Tage später erhielt ich eine schreibmaschinen-geschriebene Karte, auf der Dörner mich wissen ließ, dass er zum Thema zwar noch nichts zu sagen wisse, die Freundlichkeit meiner Einladung aber nicht enttäuschen wolle.

Am Tagungstag nun nahm Dörner in einer der hinteren Reihen Platz, um die Inhalte der Vorträge des Tages noch in sich aufzunehmen und Klarheit darüber zu erlangen, was er denn nun zu seinem Thema berichten würde. Als Dörner dann an das Rednerpult trat, war es wie immer: In einem berstend vollen Saal machte sich eine gespannte Stille breit und Dörner sprach wieder ohne visualisierende Hilfsmittel, allein, er las einige Passagen von einem Zettel ab, den er gerade mit seinen Tagungsimpressionen gefüllt hatte. Was mich kurzzeitig erschauern ließ, war seine Frage, warum ihn der Reichert zu diesem Thema eingeladen habe. Er wisse nichts über Früh- und Neugeborene, hätte als Mediziner auch nur leidlich Ahnung von Gewichten und fühle sich vollkommen fehl am Platze. Schließlich ginge er auf die 80 zu und hätte, immer entlang seines Lebens, seinen forschenden Fokus auf jene Probleme gelegt, die er an seinem Alter gemessen als relevant erachtete. Über Geburt und Entstehung neuen Lebens wisse er daher nichts.

Ich glaube, die Mehrzahl der Anwesenden – wie auch ich – hatten zuvor nie einen solchen Vortrag gehört: Facettenreich und dennoch straff, konkret bis in das schmerzlichste Detail und dennoch hoch abstrakt, plaudernd erzählt mit höchstem Orientierungswert. Lebensgewicht sei doppeldeutig, nicht nur das für das Überleben notwendige Gewicht eines Kindes sei darunter zu verstehen, sondern auch das Gewicht der Bedeutung, die dieses neue Leben für sich selbst und andere erbringe. Beide Gewichte seien voneinander klar zu trennen und dennoch innigst aufeinander bezogen. Unabhängig davon, ob das Geburtsgewicht eines Kindes sein Leben bereits ermögliche oder aber noch verhindere, erlange es ein Gewicht an Bedeutung. Diese würde manchmal erst offenbar, wenn ein Verlust zu beklagen wäre. Von einem persönlichen berichtete Dörner, der ihn das Bedeutungsgewicht eindringlich werden ließ.

Ich möchte Klaus Dörner danken für seine forschen, manchmal unbequemen, meist seiner Zeit vorauseilenden Gedanken, die er in Vorträgen formuliert und in Texten festhält. Ich wünsche ihm zu seinem 80. Geburtstag, dass sich viele seiner Visionen und Ideen möglichst rasch erfüllen, obwohl als gesichert gelten kann, dass sie sich über kurz oder lang sowieso erfüllen werden. Dörner hat Gesetze erkannt und beschrieben, um die die Menschheit um ihrer selbst willen nicht herumkommen wird. Insofern, lieber Klaus Dörner, bleiben Sie bedeutungsgewichtig in diesem wie in allen noch folgenden Jahren, in denen Sie Gesundheit, Neugierde und »irre Menschlichkeit« begleiten mögen.

Ulf Liedke, Dresden
Evangelische Hochschule

Unterwegs zu einer gemeinsamen Lebenskunst

Die Chance von Kirchgemeinden besteht nach Klaus Dörner darin, »systematisch Nachbarschaftsmentalität wachzuküssen« (Leben und streben, wo ich hingehöre, S. 114). Diesen Gedanken habe ich, seit ich ihn kenne, zugleich als zentrale Verantwortung von Kirchgemeinden verstanden. Er war mir auch präsent, als wir mit der Vorbereitung des Podiums »Lebenskunst« für den Dresdener Kirchentag 2011 beschäftigt waren. In einer Arbeitsgruppe bereiteten wir sechs thematische Einheiten zu diesem Thema vor. »Lebenskunst unter Zeitdruck« lautete eine Überschrift, eine andere »Leben als Kick. ÜberLeben in Grenzsituationen«. Schnell war uns klar, dass »Lebenskunst« häufig individuell gefasst wird: als persönliche Leistungssteigerung oder Lebensintensivierung. Deshalb lag uns daran, auch die komplementäre Seite zu betonen: Erfahrungen des gemeinschaftlichen Lebens und der nachbarschaftlichen Unterstützung. Für diese Einheit »Unterwegs zu einer gemeinsamen Lebenskunst« wollten wir Klaus Dörner gewinnen. Auf meine Anfrage hin erhielt ich nur wenige Tage später eine Postkarte: »… herzlichen Dank für die ›Lebenskunst‹ in Dresden. … ich stehe … Ihnen zu Diensten.« Anschließend haben wir miteinander telefoniert und die Eckpunkte für seinen Beitrag besprochen.

Unter der Überschrift »Wohnen und leben, wo ich dazugehöre« hielt Klaus Dörner dann am 2. Juni 2011 den einleitenden Vortrag innerhalb unseres Kirchentagspodiums. In ihm rehabilitierte er die häufig vergessene Seite der Lebenskunst, »für Andere da zu sein« und »Bedeutung für Andere« zu haben. Im Rahmen der Nachbarschaftsbewegung bestehe »die historisch einmalige Chance der Kirchengemeinden, sowohl überhaupt zu überleben als auch zu einem ›Lebenskunstwerk‹ zu werden«. Kirchengemeinden seien zukunftsfähig, wenn sie sich zum »biblischen Gebot der Einheit von Gottes-

und Menschendienst« bekennen und auf ihrem Territorium freiwilliges Bürgerengagement und diakonische Professionalität zusammenführten. Durch die Weiterentwicklung von gemeindlichen Besuchsdiensten zu Nachbarschaftsvereinen bestünde beispielsweise die Chance, dass Menschen in der Vertrautheit ihrer Heimat leben können und unterstützt werden. Die Kirchengemeinde könne so zum Lebenskunstwerk für die Bürgerkommune werden.

Klaus Dörners Vortrag war die theoretische Grundlage für unser Kirchentagspodium, zu dem wir neben ihm drei Initiativen eingeladen hatten, die in unterschiedlichen Bereichen soziale Lebenskunstwerke geschaffen haben. Dazu gehört das Projekt »Bunte Gärten« aus Leipzig, in dem Asylbewerber, anerkannte Flüchtlinge und Deutsche gemeinsam eine ehemalige Gärtnerei bewirtschaften. Die »Aktion Menschenstadt« aus Essen macht inklusive Angebote für Menschen mit und ohne Behinderung, u.a. in den Bereichen Freizeit, Bildung, Kultur und kirchliches Leben. Das Gilde-Carré in Hannover wiederum ist ein gemeinschaftliches Wohnprojekt überwiegend älterer Menschen, die fest in generationsübergreifende Formen nachbarschaftlichen Lebens im Quartier eingebunden sind. Klaus Dörner hat die Impulse, die aus den inklusiven Projekten kamen, anschließend aufgenommen und perspektivisch weitergedacht.

Die von Klaus Dörner betonte Chance von Kirchgemeinden, Nachbarschaftsmentalität wachzuküssen, hat mich in den vergangenen Jahren vielfach beschäftigt, insbesondere in Vorträgen und Publikationen zum inklusiven Zusammenleben von Menschen mit und ohne Behinderung. Sie ist eine wichtige Motivation für ein aktuelles Publikationsprojekt geworden: das »Handbuch Inklusion in der Kirchengemeinde«.

Ich wünsche Klaus Dörner, dass er durch seine Impulse auch künftig an zahlreichen Orten und in vielen Köpfen die Motivation für eine aktive soziale Nachbarschaftlichkeit wachküssen kann.

Postkarten in den Sozialraum

Nicht die Pfeife. Weniger der besondere Vortrags- und Gesprächsstil. Und auch nicht nur die umtriebige und zugleich entspannte Präsenz – sondern die Postkarten. Es sind vor allem die maschinenbeschriebenen Postkarten, die Klaus Dörner tief in das soziale Gedächtnis der Evangelischen Hochschule Dresden eingeprägt haben.

Auf diesen Karten waren Zusagen und Absagen, Entschuldigungen, Nachfragen und Kommentare. Sie erreichen die Hochschule seit 2008 regelmäßig. Und sie dokumentieren den gemeinsamen Diskurs über Potenziale älterer Menschen und ihre Aktivierungsmöglichkeit im Sozialraum bis hin zu Vorträgen und Kongressteilnahmen.

Die Postkarten ersetzen nicht die Präsenz von Klaus Dörner in Dresden. Ja, sie stehen wohl nicht einmal für die zahlreichen Impulse, die Klaus Dörner beratend in die Forschungsprojekte der Hochschule getragen hat – er referierte auf Fachtagungen und auf dem Kongress aus Anlass des 20jährigen Bestehens der Hochschule. Aber sie bringen eine eigentümliche Farbe ins Spiel. Eine Sozialraumfarbe, die für Verbundenheit ebenso stehen mag wie für das Verlangen nach analoger und direkter Kommunikation – und natürlich nach Beantwortung.

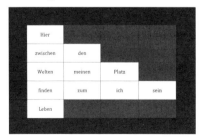

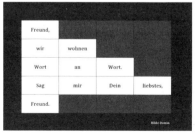

Unterbrechungen

Klaus Dörner würde uns vermutlich an dieser Stelle schon unterbrechen. Jedenfalls haben wir ihn als jemanden erlebt, der nachfragt. Um Klärung und Präzisierung bittet. Und der in einem langen, über Beispiele zur Praxis drängenden Impuls nach weiterer Orientierung sucht. So war es jedenfalls regelmäßig.

Die Texte von Klaus Dörner, gerade auch die jüngeren Titel, werden in allen Studiengängen der Hochschule gelesen. Soziale Arbeit, Elementarpädagogik und Pflege treffen sich in Diskurs und Praxis wie im Sozialraum. Und die Frage, ob es und wie es ein »dritter« ist, stellt sich in allen Professionen. Deshalb nahmen die Studierenden wie die Mitarbeiterinnen und Mitarbeiter der sozialraumbezogenen Forschungsprojekte mit großem Interesse die Gelegenheit wahr, Klaus Dörner selbst zu begegnen.

Was er darstellte und bot, waren Unterbrechungen. Nachdenklichkeit, die sich in die etablierten Diskurse drängte. Aber auch Anschaulichkeit, die dazu führte, um sich zu blicken.

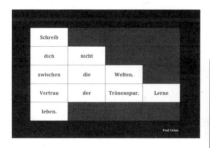 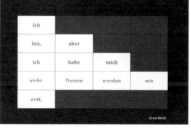

Sterben und Leben

Bewirkt haben diese Unterbrechungen vieles: Am sinnfälligsten ist wohl die Neueinrichtung eines Moduls im Pflegestudiengang. »Sterben und Leben« heißt es nun und reklamiert gleichermaßen die Bedeutung des Sozialraums für das Werden der Subjekte wie die Bedeutung der Subjekte für das Leben im geteilten Raums. Neue Forschungsprojekte setzen auf der Beratung Klaus Dörners auf und fragen nun nach dem, was alternde Menschen als Expertinnen und Experten ihres Sozialraums in Sozial- und Hilfeplanung einbringen können. Der dritte Sozialraum wird schließlich da zum Schlüsselthema in den Masterstudiengängen der Hochschule, wo Diakonie und Ethik zum Gegenstand werden.

Vielleicht ist es die Besonderheit der Hochschule Dresden, in jedem Fall aber Ergebnis der Begegnung mit Klaus Dörner, dass aus den Auseinandersetzungen der vergangenen fünf Jahre nun auch theologische Impulse für uns erwachsen.

Zwischen Welten Räume

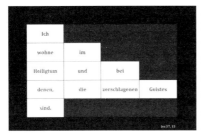

Am Ende des Wintersemesters 2012/2013 fanden diese Impulse den Weg aus dem Masterstudiengang in den Semesterschlussgottesdienst der Hochschule. Der Sozialraum als Raum zwischen den sich begegnenden Menschen wurde zum Gegenstand des Gottesdienstes. Wir suchten nach Worten für unseren Ort und nach Wegen, diesen Ort mit anderen zu teilen.

Und im Gottesdienst entstanden Postkarten. Karten mit einer bunten Vorderseite und mit handbeschriebenen Rückseiten, die auf diesen Seiten beispielhaft abgebildet sind.

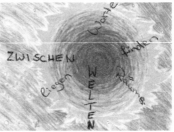

Karten, die den Weg in die Hochschule finden. In unseren Sozialraum, den wir mit Klaus Dörner ein wenig näher kennengelernt haben.

Grüße aus der Ferne

Meine gelegentlichen Kontakte zu Klaus Dörner sind, ehrlich gesagt, nicht unbedingt berichtenswert. Die Begegnungen waren selten und kurz, die Korrespondenz überschaubar. Immerhin: meine Geschichte mit ihm währt 40 Jahre. Als Student der Psychologie begann ich 1972 die Tagungen der DGSP und des Mannheimer Kreises zu besuchen. Hier konnte man erleben, was es später zu lesen gab: Irren ist menschlich. Ich war begeistert von den Protagonisten – unter ihnen Klaus Dörner –, von ihrer Menschlichkeit, ihrer Kompetenz, ihrem politischem Engagement. So ähnlich wollte ich werden. Und ich marschierte mit Tausenden 1980 durch Bonn, um die Auflösung der Großkrankenhäuser zu fordern; Klaus Dörner hielt die Hauptrede. Eindrucksvolle Erlebnisse.

Die für Arbeitsplatzfindung zuständigen Götter entschieden mich in die Psychosomatik zu schicken, wo ich mich mit der Erforschung, Anregung und Unterstützung von Selbsthilfegruppen beschäftigte. Von 1977 bis 1981 nutzten wir die DGSP- bzw. Mannheimer Kreis-Tagungen, um Arbeitsgruppen über Selbsthilfegruppen anzubieten. Eine schöne Gelegenheit, der alten wie neuen Liebe nachzugehen und mir von Klaus Dörner ins Gewissen reden zu lassen. Man müsse immer bei den Letzten anfangen und so – Sie wissen schon.

1981 wechselte ich zu einer anderen moralischen Instanz und begann bei Horst-Eberhard Richter im Modellprogramm Psychiatrie zur Fortbildung in psychiatrischen Modellregionen zu arbeiten. Nicht einzelne Mitarbeiter wurden fortgebildet, sondern ganze Teams, ja ganze Regionen, wenn man so will: die Gemeinde. Es ging um das Stiften von Kooperation, um einrichtungs- und professionsübergreifende Veranstaltungen, um Besuche, Netzwerke, um Versorgungsstrukturen. Ich war für Selbsthilfe und Laienhilfe zuständig.

Die Gießener Kerngruppe suchte den Kontakt zur DGSP – dabei spielte ich das Bindeglied. Wir waren von Richters psychosozialer Orientierung getragen, von psychoanalytischem Denken, von der Idee der Psychosozialen Arbeitsgemeinschaft (PSAG). Klaus Dörner hätte gut in unseren Projektbeirat gepasst.

Nach Projektende verabschiedete ich mich weitgehend von der Psychiatrie und wendete mich endgültig der Selbsthilfe zu. Die »Deutsche Arbeitsgemeinschaft Selbsthilfegruppen« sollte etabliert werden, ab 1987 gab es ein Modellprogramm der Bundesregierung zur Erforschung von Selbsthilfe-Kontaktstellen, ab 1992 wurde die Selbsthilfe-Förderung durch die Gesetzliche Krankenversicherungen durchgesetzt, seit 2004 findet eine formalisierte Patientenvertretung auch im Gemeinsamen Bundesausschuss statt. Ich bemühte mich redlich im Dreieck von Forschung, Praxis und Interessenvertretung – ganz so, wie ich es bei Klaus Dörner, Michael Lukas Moeller, Horst-Eberhard Richter gesehen und bewundert hatte.

Immerhin einmal haben wir »gemeinsam« publiziert: »Psychiatrie im Wandel. Erfahrungen und Perspektiven in Ost und West«, 1990 herausgegeben von Achim Thom und Erich Wulff, jenem Band, der so wunderbar von der Wiedervereinigung überholt wurde. Und sein Buch über den »guten Arzt« habe ich 2001 mit großem Interesse gelesen. Irgendwie möchte man auch als Psychologe ein guter Arzt sein.

Gelegentlich korrespondieren wir. Ich bin immer begeistert von seinen mit veralteter Schreibmaschine beschriebenen Postkarten und kann mit Stolz sagen: Ich besitze »Original-Autogramme«! Im Jahr 2010 nahm er die Einladung der Deutschen Arbeitsgemeinschaft Selbsthilfegruppen an, auf unserer Jahrestagung in Hamburg zu sprechen. Sein Vortrag über »Bürgergesellschaft, Selbsthilfe und Sozialraumorientierung« wurde in unserem Jahrbuch 2011 veröffentlicht, nachdem er für ein äußerst kontroverses Echo gesorgt hatte. Das kann er bestens, wie wir wissen.

Danke, Klaus!

Gruß eines ehemaligen »Geiselnehmers«

Im November 2010 fand im Café Winkelmann, Münnerstadt, die Veranstaltung: »Ambulant vor stationär – ein Paradigmenwechsel und seine Folgen. Wege aus der Psychiatrie – über Community Care in die Bürgergesellschaft«. (siehe auch: www.das-winkelmann.de)

Als vormaliger Heimleiter einer geschlossenen sozialpsychiatrischen Einrichtung für chronisch mehrfach Abhängige besaß ich eine gewisse Bekanntheit in sozialpsychiatrischen Fachkreisen der Region. Mit der Fachtagung und meinem Wechsel – den ich heute gerne auch als einen persönlichen Paradigmenwechsel bezeichne – aus der stationären in die ambulante Betreuung für sucht- und psychisch kranke Menschen wollte ich aufzeigen, dass »Enthospitalisierung«, »Gemeindepsychiatrie« und »Ambulantisierung psychosozialer Hilfen« nicht nur Schlagwörter, sondern praktisch umsetzbar sind. (Stationäre) Heime der Behindertenhilfe für psychisch kranke Menschen als »Eingliederungseinrichtungen« zu bezeichnen, klingt für mich inzwischen fast schon zynisch.

Deshalb sollte die Tagung den Titel »Die Enthospitalisierung eines Geiselnehmers« tragen, wobei mit dem Begriff »Geiselnehmer« ein Hinweis auf Dörner gegeben wurde. Dies führte bereits in der Planungsphase zu massiver Empörung und einem Boykottaufruf. So entschied ich mich für den ziemlich langweiligen Titel »Ambulant vor stationär«. Heute treffe ich immer wieder auf Teilnehmer, die sich gut an die Veranstaltung erinnern. Allerdings konnten im Sinne einer nachhaltigen Trendwende deren Ziele nicht erreicht werden. Die Ideen Dörners, die er zum demografischen Wandel und den Folgen referierte, veranlassten mich jedoch, mein Konzept der Ambulantisierung und der Integration von chronisch psychisch Kranken und Behinderten weiterzuentwickeln. In einem sozialraumorientierten Konzept sollen das Potenzial älter werdender Bürger in einem kommunalen Hilfesystem integriert und gegenseitig nutzbar gemacht werden. So wie Dörner es sagte: »Nur Bürger können andere Bürger integrieren.« Neben dem Integrationscafé, ein traditionsreiches bürgerliches Café »mittendrin« in der Kleinstadt mit angeschlossenem Tageszentrum wird in einem erworbenen und zentrumsnah gelegenen Anwesen eine Mehrgenerationswohnanlage entstehen. Die baulichen Maßnahmen haben bereits begonnen. Für zwei der von uns Betreuten sind dadurch sozialversicherungspflichtige Arbeitsplätze entstanden. Weitere Arbeitsplätze werden in einer Integrationsfirma für barrierefreies Wohnen entstehen. Die Veranstalter der Fachtagung mit Klaus Dörner haben inzwischen auch eine Interessensgemeinschaft Persönliches Budget in Unterfranken ins Leben gerufen. Sie waren als Referenten bei der Gründung einer Interessensgemeinschaft Inklusion beteiligt.

Die Authentizität Klaus Dörners, seine unprätentiöse Erscheinung, der unprofessorale Habitus haben nachhaltigen Eindruck hinterlassen. Vor allem hat mir Klaus Dörner bei der Wiederentdeckung des ursprünglichen Einsatzgebietes psychosozialer Arbeit geholfen. Es muss wieder mehr »mittendrin« im Sozialraum stattfinden: Gemeindepsychiatrie, Normalisierung, Empowerment. »Ambulant vor stationär« gelingt, wenn eine De-Institutionalisierung in den Köpfen der Helfer stattfindet, also eine »Enthospitalisierung der Geiselnehmer«. Aber die muss von den Bürgern und den Psychiatrieerfahrenen eingefordert werden. Seit zwei Jahren – genauso lange liegt die Veranstaltung mit ihm zurück – bekommen wir kaum noch Anfragen vom Sozialdienst aus dem Bezirkskrankenhaus, dafür aber umso mehr durch Empfehlung der Patienten dieser Klinik selbst.

Wir können auch anders

Sehr geehrter Herr Professor Dörner, zunächst darf ich Ihnen im Namen des Landkreises Coburg, herzlich Glückwünsche zu Ihrem 80. Geburtstag übermitteln. Es ist mir eine besondere Ehre, Ihnen auf diesem Weg gratulieren zu dürfen.

Den Kontakt zum Landkreis Coburg haben wir dem Erfahrungsaustausch zwischen Professor Dörner und Doktor Hasselkus zu verdanken. Doktor Wolfgang Hasselkus ist in unserem Landkreis praktizierender Arzt, Vorsitzender des Seniorenbeirats sowie Seniorenbeauftrager der Stadt Rödental. Er hat viele Projekte angeregt, initiiert und begleitet, wie beispielsweise das Wohnkonzept »Wohnen in allen Lebensphasen« oder das Präventionsprogramm »Fit für den Alltag«. Die Stadt Rödental hat ein Konzept erstellt, das es Hochbetagten ermöglicht, selbstbestimmt in den eigenen vier Wänden zu leben. So besuchen Ehrenamtliche ältere Menschen regelmäßig, um ihnen im Haushalt zu helfen. Sie üben mit den Senioren, Stürze zu verhindern, oder machen einfache medizinische Tests. Die Stadt ist zudem barrierefrei gestaltet. Rödental gewann für ihren ganzheitlichen Ansatz im vergangenen Jahr den Deutschen Alterspreis.

Professor Klaus Dörner hatte von der – nach seinen Worten – »faszinierenden Entwicklung« in Sachen Seniorenarbeit der Stadt Rödental gehört, wodurch ein reger Dialog über verschiedenste zukunftsfähige Projekte der Seniorenarbeit in ganz Deutschland entstand.

Um auch die breite Öffentlichkeit an Professor Döners Anregungen, Hinweisen und Empfehlungen teilhaben zu lassen, kam bei uns die Idee auf, ihn einzuladen und einen Fachtag über ambulante Alternativen zum Alten- und Pflegeheim zu organisieren. Wir sahen darin eine Möglichkeit, landkreisweit Akteure aus Politik, Wirtschaft und Gesellschaft sowie interessierte Bürger zu informieren. Das enorme Wissen, welches Professor Dörner auf seinen unzähligen Reisen erworben hat, und die Bereitschaft, dieses auch an unsere Bürger weiterzugeben, war ein zusätzlicher Anreiz für einen Fachtag mit ihm als Hauptredner.

Gerne erinnere ich mich an diese erfolgreiche Veranstaltung mit dem Titel »Wir können auch anders?! Grenzen und Möglichkeiten eines selbstbestimmten Lebens im Alter – ambulante Alternativen zum klassischen Alten- und Pflegeheim«, die wir gemeinsam bestreiten durften. Das Ziel, eine breite Öffentlichkeit über Möglichkeiten und Grenzen alternativer Wohn- und Lebensformen im Alter zu informieren, haben wir erreicht. Besonders der Nachhall aus der Bevölkerung zu seinem Besuch hat mich zutiefst beeindruckt. An anschaulichen Beispielen erläuterte Professor Dörner seine Idee des sozialräumlich orientierten Hilfesystems mit bürgerschaftlicher Beteiligung und begeisterte dadurch die Zuhörerinnen und Zuhörer. Der Fachtag war sowohl Auftakt als auch Weiterführung bestehender Projekte. So soll beispielsweise in Rödental die schon vorbildhafte Seniorenarbeit weiter ausgebaut werden, während andere Gemeinden des Landkreises sich auf den Weg machen, um die ambulante Versorgung der älteren Bevölkerung zu verbessern und so ein möglichst langes Leben in den eigenen vier Wänden zu ermöglichen. Weiterhin wurden Seniorenbusse und Einkaufsfahrten für Senioren in ländlichen Gemeinden, niederschwellige Angebote zur häuslichen Versorgung sowie verschiedenste Sport- und Sturzpräventionsangebote initiiert. Außerdem konnten ehrenamtliche Ansprechpartner gefunden werden, die sich für die Belange der Senioren in ihren jeweiligen Gemeinden einsetzen. Nicht zuletzt dank der wechselseitigen Unterstützung mit Professor Dörner befindet sich der Landkreis Coburg auf einem guten Weg hin zu einer für Senioren lebenswerten Gesellschaft.

Es kann so einfach sein

Jedem Mediziner meiner Generation ist Prof. Dr. Klaus Dörner ein Begriff, denn in jedem Bücherschrank steht »Irren ist menschlich«. Nach dem Studium hörte ich einen Vortrag von Prof. Dörner auf dem Evangelischen Kirchentag und las mit Begeisterung sein Buch »Der gute Arzt«.

2009 nahm ich an einer Tagung des Hospizvereins in Trier teil, auf der Prof. Dörner sprach. In der Pause hatte ich Gelegenheit zu einem Gespräch mit ihm und fragte dabei, ob ich ihn zu einem Vortrag nach Wittlich einladen dürfe, wo ich am Krankenhaus tätig bin.

Seine Antwort lautete: »Ja! Rufen Sie mich an, wir machen was aus. Ich stehe im Telefonbuch von Hamburg.« Wenige Tage später sah ich im Telefonbuch nach, rief an und wir vereinbarten einen Termin.

Nach einigen Tagen erhielt ich die Terminbestätigung mittels einer klassischen Postkarte. wie sie unsere Kinder im Zeitalter von Handy und E-Mail nicht mehr kennen. Geschrieben war die Postkarte mittels einer Schreibmaschine.

Die Postkarte hat etwas Persönliches in der knappen Mitteilung, denn viel Platz ist nicht.

Ich habe sie aufbewahrt, denn ich hatte Jahre keine mehr bekommen, und sie erinnert mich an eine ganz besondere Veranstaltung.

So einfach kann es gehen.

Lieber Prof. Dörner, ich wünsche Ihnen alles Gute zum 80. Geburtstag und bedanke mich auf diesem Wege für das, was Sie mit Ihren Büchern bei mir für mein ärztliches Tun bewirkt haben.

Katja Wollny und Katrin Rehse, Wiesbaden
Deutsches Rotes Kreuz in Hessen Volunta gGmbH

Er ist ein lebendiges Beispiel für aktives Altern

Am 20. November 2012 veranstalteten wir – das ist die Deutsches Rotes Kreuz in Hessen Volunta gGmbH, Kompetenzzentrum für freiwilliges Engagement und Träger von Freiwilligendiensten – eine Fachtagung im Rahmen unseres Projektes »Alt macht Schule: Die Generation 50+ und das, was sie zu sagen hat«. Das generationsübergreifende Schulprojekt wurde als eines von bundesweit 45 Projekten im Rahmen des »Europäischen Jahres für aktives Altern und Solidarität zwischen den Generationen 2012« gefördert. Unser Ziel war, zu einem Dialog zwischen den Generationen aufzufordern und Mut zu machen, nachhaltige Lösungen für die Herausforderungen des demografischen Wandels zu finden – durch freiwilliges Engagement.

Der erste Kontakt mit Prof. Dörner entstand bei einer DRK-Tagung in Berlin im Juni 2012. Unsere Projektkoordinatorin hatte ihn dort als Vortragenden erlebt und war begeistert von seiner authentischen Art, seinen inhaltlich fundierten Ausführungen und seiner Fähigkeit, das Publikum mitzureißen. Zu diesem Zeitpunkt waren wir bereits auf der Suche nach einem/r geeigneten Referenten/in für unsere eigene Fachtagung. Geplante Inhalte stellten u. a. die Einsatzmöglichkeiten für ältere Freiwillige in Schulen, insbesondere vor dem Hintergrund des Ausbaus von Ganztagsschulen, dar. Für den Vortrag »Aktives Altern und freiwilliges Engagement« war Prof. Dörner aus unserer Sicht ein lebendiges Beispiel. Mit dieser Einschätzung schrieben wir ihn an und wurden keineswegs enttäuscht.

Wir waren freudig überrascht, als eine mit der Schreibmaschine verfasste Postkarte mit Prof. Dörners Zusage bei uns eintraf. Die Karte weckte in uns Erinnerungen an die Zeit, in der diese heute ungewöhnliche Kommunikationsform alltäglich war. Wir wussten, dass wir es mit einem Menschen zu tun haben würden, der seinen eigenen, ganz besonderen Weg verfolgt. Jede weitere Postkarte zauberte ein Lächeln in die Gesichter unseres Teams.

In seinem frei gehaltenen Vortrag erläuterte Prof. Dörner u. a. die Beweggründe von Menschen, die sich freiwillig engagieren. Besonders gefiel ihm folgende Antwort einer Freiwilligen auf seine Frage »Warum engagiert ihr euch?«: »Wenn Sie gerne Schokolade essen, dann essen Sie natürlich immer gerne Schokolade und immer mehr davon. Es besteht die Gefahr, dass Ihnen das über ist und Sie keine Schokolade mehr mögen. Damit das nicht passiert, brauchen Sie zwischendurch immer ein paar Salzstangen. Das soziale Engagement, das sind die Salzstangen (...).« Diese Antwort der Freiwilligen verdeutliche, dass an der Entscheidung für freiwilliges Engagement der ganze Mensch – mit seinen gesundegoistischen Anteilen und seinem Streben nach Genussfähigkeit – beteiligt sei.

An diesem Ausschnitt wird der humorvolle und authentische Vortragsstil Prof. Dörners deutlich, der sich auch in den Kommentaren unserer Tagungsgäste widerspiegelte: Es fielen Stichwörter wie »inspirierend«, »echt«, »weitblickend« und »hoher Unterhaltungswert«, um nur einige der fast ausschließlich positiven Reaktionen auf Prof. Dörners Vortrag zu nennen.

Eine vollständige Verschriftlichung des Vortrages von Prof. Dörner ist in unserer ausführlichen Projektdokumentation enthalten, zu beziehen über akademie@volunta.de.

Abschließend möchten wir uns bei Prof. Dörner nochmals für seinen Beitrag zu unserer Tagung bedanken und ihm mit einem Satz Burt Lancasters zu seinem 80. Geburtstag herzlich gratulieren: »Solange man neugierig ist, kann einem das Alter nichts anhaben.«

Jürgen Lilischkies, Hattersheim
PARITÄTISCHER Wohlfahrtsverband, Frankfurt/Main

Qualität ist keine Formsache

Freitag, 13. November 1987. Wir befinden uns auf einer Tagung in Wunstorf. Klaus Dörner tritt ans Rednerpult. Er ist der Hauptredner dieser Tagung »Tagesstrukturierende Beschäftigung – Die Kommunen im Blick«.

Schwarz gekleidet lässt er lässig seine Lederjacke auf den Boden fallen und beginnt mit seinem Vortrag. Gemeindepsychiatrischer Verbund und Gemeindepsychiatrische Integration, »Ambulant vor stationär«, Arbeit und Beschäftigung. So oder wenigstens in der Tendenz waren damals die Eckpunkte seiner Rede. Es ist zu lange her, als dass ich mich noch an den genauen Inhalt erinnere. Doch waren seine Ausführungen und auch die übrige Diskussion für uns Anlass, bei unserer Rückkehr nach Frankfurt die Betreuung von psychisch kranken Menschen in den Werkstätten für Behinderte zu hinterfragen. Nicht die Arbeit sollte zu den Menschen in die Werkstätten gebracht werden, damit sie diese dort im beschützten Rahmen erledigen, sondern die Menschen sollten in die Betriebe gebracht und begleitet werden.

Dieser Ansatz war für die damalige Zeit recht revolutionär. Weder der örtliche noch der überörtliche Kostenträger ließen sich für die Idee, die wir von Klaus Dörner mitgebracht hatten, gewinnen. Man wollte wohl nicht die Bastion der Werkstätten angreifen. Einige Jahre später war es doch so weit und aus der Idee wurde der Fachdienst für berufliche Integration.

»Ambulant vor stationär« ist auch die Kernaussage des Vortrages von Klaus Dörner, den er etwa 20 Jahre später auf Einladung des Frankfurter Forums für Altenpflege hält. Ein gewagtes Unternehmen – schließlich sind fast ausschließlich Träger von Altenpflegeheimen Mitglieder des Forums, die Zuhörerinnen und Zuhörer sind Pflegekräfte, sowohl aus dem stationären als auch dem ambulanten

116

Bereich. Bei ihnen findet Dörner durchaus – wenn auch kritisch – Zustimmung. Heimleiter und Heimträger dagegen tun sich schwer, seine Kritik am bestehenden Heimsystem anzunehmen und seine aufgezeigten Perspektiven als realisierbar zu bewerten. Aber die Diskussion ist ein wichtiges Element im gerade stattfindenden Prozess einer partizipativen Altersplanung in Frankfurt.

Meine vorläufig letzte persönliche Begegnung mit Klaus Dörner findet im März 2011 statt. Ich habe ihn in den PARITÄTISCHEN Wohlfahrtsverband nach Frankfurt eingeladen. Bereits die Vorbereitung für diese Veranstaltung verläuft etwas unorthodox. Eine Absprache per E-Mail ist mit ihm nicht möglich. Er hat keinen Internetanschluss. Die Zusage für seine Teilnahme schickt er mit der Postkarte und maschinengeschrieben: *»Honorar nach Gutdünken. Ich stehe ab 11.00 Ihnen zu Diensten.«*

Die Zuhörer – Mitarbeiterinnen und Mitarbeiter aus vielen Bereichen der Sozialarbeit – folgen auch heute wieder mit Interesse seinem Vortrag, der den gleichen Titel wie sein Buch trägt: »Leben und sterben, wo ich hingehöre – Dritter Sozialraum und neues Hilfesystem«. Klaus Dörner führt aus, dass man die Menschen noch bis vor Kurzem zur Hilfe, d.h. ins Heim gebracht habe, doch heute laute die Devise, die Hilfe zu den Menschen zu bringen. Der demografische Wandel und die Finanzknappheit verlangen allerdings nach neuen tragfähigen Konzepten. Und Klaus Dörner hat die Antwort: Bürgerstiftungen, ambulante Pflegegruppen, Pflege- oder Gastfamilien. Er ist viel durch Deutschland gereist und kann von Beispielen berichten, wo dies bereits funktioniert.

Der übertriebene formale Aufwand in der professionellen Hilfe ist ihm ein Dorn im Auge. Qualität ist keine von Professionellen erbrachte Formsache. Dafür bin ich ihm dankbar. Seine Honorarrechnung schreibt er auf die Rückseite der Einladung – sehr zum Verdruss unseres Buchhalters.

Klaus Dörner hat eine Mission

Die Arbeit unserer Gesellschaft wird von klugen Leuten wohlwollend und kritisch begleitet. Ein solcher Begleiter schlug uns Klaus Dörner als Referenten vor – mit den Worten: »Seine Thesen sind nicht bequem. Ich vermute deswegen, Sie werden ihn mögen.«

Die Folgen des demografischen Wandels beschäftigen uns als Frankfurter Bürgergesellschaft schon lange. Im Rahmen der jedermann kostenlos zugänglichen Diesterweg-Simon-Vortragsreihe laden wir immer wieder Referenten ein, die ihn unter neuen Aspekten beleuchten. Was lag näher, als Klaus Dörners Vorschläge zum Umgang unserer Gesellschaft mit einer zunehmenden Zahl Älterer und Pflegebedürftiger einem größeren Publikum vorzustellen?

Dörners Lösungsansätze setzen ein vermehrtes Bürgerengagement voraus und die Bereitschaft, Verantwortung für Andere zu übernehmen. Gemeinnütziges Handeln in allen Bereichen unserer Gesellschaft zu unterstützen und zu fördern, ist seit fast 200 Jahren Kernaufgabe der Polytechnischen Gesellschaft und verwandter Schwesterninstitute in anderen überwiegend durch Handel geprägten Städten.

Klaus Dörners Vision von der Rückkehr der Alten und Kranken in die gesellschaftliche Mitte findet viele Anhänger – nicht nur bei Menschen, die in sozialen Einrichtungen arbeiten oder bereits praktische Nachbarschaftshilfe leisten. Alte und kranke Menschen ganz einem professionellen Versorgungssystem überlassen zu können, galt als großer Fortschritt der Industriegesellschaft. Diesen Fortschritt aufgrund des demografischen Wandels aufgeben zu »müssen«, ist sicher eine Chance, wieder zu einem selbstverständlicheren Umgang zwischen den Generationen und zwischen den stärkeren und schwächeren Gliedern unserer Gesellschaft zurückzukehren – von dem alle nur profitieren können.

Klaus Dörner beschränkt sich nicht darauf, Ideen zu propagieren, sondern ist immer auch an deren praktischer Umsetzung interessiert.

Das hat er im Rahmen der von ihm entscheidend mitgeprägten Psychiatriereform unter Beweis gestellt. Damals sorgte er für die Entlassung chronisch psychisch kranker Patienten aus der von ihm geleiteten Gütersloher Psychiatrischen Klinik. Und heute engagiert er sich wieder für die Umsetzung seiner Idee eines neuen Umgangs mit Versorgung und Pflege im Alter, indem er auf seinen vielen Vortragsreisen (bis zu 150 Reisen im Jahr!) unermüdlich nach bereits realisierten Umsetzungsmöglichkeiten oder interessanten Projekten fragt, die anderen als Modell dienen könnten. In seiner Zusammenstellung solcher Modelle, die unter dem Titel »Helfensbedürftig« erschienen ist, sind vielfältige Anregungen zu finden – wie man sie sonst bei konkretem Handlungsbedarf oft vergeblich sucht.

Klaus Dörner hat eine Mission, die ihm die Kraft für seine rege Reisetätigkeit und die damit verbundenen körperlichen und geistigen Anstrengungen gibt. Diese Kraft speist sich aus dem Wissen, schon einmal Dinge verändert zu haben, die viele Menschen für gegeben hielten. Sein »Sendungsbewusstsein« führt aber auch dazu, dass er sich nicht unbedingt an vorgegebene Redezeiten hält. An einen sogenannten letzten Satz können sich noch viele weitere anschließen. Obwohl er jeden zweiten Tag unterwegs ist, macht er alle Arrangements schriftlich – bevorzugt mit mechanischer Schreibmaschine auf Blankopostkarten oder per Telefon. Er scheint zu den wenigen Vielbeschäftigten zu gehören, die ganz ohne Neue Medien auskommen. Beeindruckt hat uns Klaus Dörners Verzicht auf jegliche Eitelkeiten und sein ehrliches und in jeder Frage bzw. Antwort spürbares Interesse an seinen Mitmenschen.

»Psycho-Paten«

Die erste Begegnung mit Klaus Dörner hatte ich 1994 als Heimleiter eines abgelegenen, verträumten Wohnheimes für psychisch kranke Männer. Das Heim war immer voll belegt, freien Platz gab es nur, wenn ein Bewohner nach meist langjährigem Aufenthalt verstarb. Im Zuge der Enthospitalisierungsbestrebungen der Bezirkskrankenhäuser gab es jedoch Anfragen für Neuaufnahmen in großer Anzahl. Ein guter Grund, sich durch Expansion ein Stück von dem »Kuchen« zu sichern.

Als wir erste Konzeptionsüberlegungen bei der Heimaufsicht einreichten, regte diese an, die Überlegungen von Prof. Dr. Dr. Klaus Dörner würdigen zu lassen und lud ihn zu einer gemeinsamen Runde ein.

Wer Klaus Dörner kennt – wir kannten ihn damals noch nicht –, der weiß, wie der kleine ältere Herr mit weißem Haar und schwarzer Lederjacke die Planung eines neuen Heimes bewertet hat: »Völliger Schwachsinn, Freiheitsberaubung, Verschwendung von öffentlichen Mitteln etc.«

Nach diesem ersten Kontakt, bei dem er unsere bisherige Arbeit nahezu komplett infrage gestellt hatte, und das im Beisein einer Behörde, deren Befürwortung für die Gewährung von Fördermitteln erforderlich ist, sahen wir die Verwirklichung unserer Pläne davonschwimmen. Aber Klaus Dörner hatte auch wahrgenommen, dass wir erste Versuche mit einer Außenwohngruppe unternommen hatten. Dies gefiel ihm, und er berichtete charismatisch von seinen Gütersloher Erfahrungen. Nach diesem ersten Treffen war ich mir zunächst nicht sicher, ob ich ihn als Verrückten oder als Helden einstufen sollte.

Aber seit dieser Zeit schaute ich mir die Menschen, ihre Biografien, ihre Entwicklungsberichte und Arztbriefe genauer an und las auch zwischen den Zeilen. Der Begriff Selbstbestimmung hat für mich in dieser Zeit viel an Bedeutung erlangt. Und vieles bis dahin so Unverrückbare und Einzementierte und in bewährter Tradition Begründete sah ich nach und nach mit anderen Augen. Vor allem die Aussage der »wohlgemeinten Freiheitsberaubung« geht mir bis heute nicht mehr aus dem Sinn. So reifte die Erkenntnis, dass ein Heim immer nur eine Notlösung darstellt und Durchlässigkeit und Visionen braucht und niemals, wie bisher bei uns üblich, nur Endstation sein darf. Und es entstand eine Dynamik, die sich auch auf die Mitarbeitenden übertragen hat. Wir waren uns auf einmal sicher, dass mit unserem so schwierig beschriebenen Personenkreis der Weg zurück in das Gemeinwesen möglich ist. Es folgten zahlreiche Kontakte mit Klaus Dörner, bei denen er uns immer wieder Mut machte, bei denen er uns mit seinen Aussagen aber auch immer wieder tief erschüttert hat. Bei den Verhandlungen um einen aus unserer Sicht nötigen, erhöhten Personalschlüssel für den Umzug in ambulante Betreuungsformen erklärte er uns zum Beispiel: »Je höher der Personalschlüssel ist, umso mehr wird die Verselbstständigung der Betroffenen verhindert.«

Ich bin ihm dankbar für seine Provokationen.

Das Heim haben wir 2006 aufgelöst und die Ambulantisierung der sozialpsychiatrischen Arbeit in der Region vorangetrieben. Nach dem Motto »Willkommen in der Nachbarschaft« ist es gelungen, sozialraumorientiert die Bürgerinnen und Bürger als »Psycho-Paten« in das neue Hilfesystem mit einzubeziehen. Und es ehrt uns ganz besonders, dass wir Dörners Erkenntnis »nur Bürger integrieren Bürger« durch unser Patenschaftsmodell und unseren Bürger-Profi-Mix maßgeblich beeinflusst haben. Das Projekt wurde 2012 bei der Vergabe des »mitMenschPreis« als eines der ausgewählten Projekte gewürdigt. Inzwischen werden durch den damals gegründeten »Sozialpsychiatrischen Verbund« fast 100 Menschen in individueller Weise ambulant betreut und können auf eine stationäre Versorgung verzichten. Ein Erfolg, der ohne die provokante Einmischung von Klaus Dörner nicht in dem Maße möglich gewesen wäre. Herzlichen Dank dafür!

Von »Bürger und Irre«
bis »Raus aus dem Altenheim«

Das Buch *Bürger und Irre* war meine erste Begegnung mit Klaus Dörner – zunächst mit dem Autor Dörner. Es war die Zeit der Studentenbewegung. Die Antipsychiatrie und die Bewegung »Psychisch Kranke heraus aus den Anstalten« wurde von mir als Element der allgemeinen Aufbruchsstimmung wahrgenommen. Die Abwertung von psychisch Kranken war Teil des alten autoritativen Systems, ihr Wegsperren und Unsichtbarmachen eine typische Maßnahme der instrumentellen Vernunft (H. Marcuse). *Bürger und Irre*, das ja auch die Geschichte dieses Umgangs des Menschen mit sich selbst darstellt, hat uns die Augen geöffnet und wurde dann für mich und meinen Bruder Hartmut ein wichtiger Hintergrund unseres Buchs *Das Andere der Vernunft. Rationalitätsstrukturen am Beispiel Kants* (Suhrkamp Verlag, 5. Auflage 2007). Auf diesem Wege sind wir weitergegangen bis heute.

Dann hatte ich mit Klaus Dörner – nun als Korrespondenz-Partner – zu tun, als ich begann, historisch zur Mentalität unter Ärzten zu forschen, die die medizinischen Verbrechen in der Periode des 2. Weltkrieges ermöglicht hat. Klaus Dörner hat nämlich, was kaum jemand weiß, durch einen Appell an die deutschen Ärzte viel Geld zusammengebracht, um die Dokumente des Nürnberger Ärzteprozesse von 1946/47 für alle zugänglich zu publizieren. Das Ergebnis war die Publikation der ca. 12.000 Seiten umfassenden Dokumente auf CD-Rom. Er wollte damit das Versagen der Ärzteschaft, die nämlich den Prozessbericht von A. Mitscherlich und Fr. Mielke unter dem Titel *Wissenschaft ohne Menschlichkeit* (heute: Medizin ohne Menschlichkeit. Fischer TB, 18. Auflage) hatte versanden lassen, wieder gutmachen.

Der Austausch mit Dörner hat mir viel für die Tagung in Philadelphia geholfen, die ich in deutscher Sprache zusammen mit

William R. LaFleur und Susumu Shimazono als Herausgeber unter dem Titel *Fragwürdige Medizin. Unmoralische Forschung in Deutschland, Japan und den USA im 20. Jahrhundert,* Frankfurt/M.: Campus 2008 publiziert habe.

Schließlich, spät genug, habe ich Klaus Dörner persönlich kennengelernt, als ich ihn zweimal zu Tagungen des Instituts für Praxis der Philosophie e.V., IPPh, einlud, das es sich zur Aufgabe gemacht hat, Philosophie in Praxis umzusetzen, d.h. in eine philosophische Lebensform einzuüben und sich bei gesellschaftlichen Problemen und Defiziten praktisch einzusetzen. Die sog. Awareness-group des Institutes, die Letzteres vorbereitet, hat 2010 eine Tagung zu *Alternativen Wirtschaftsformen* und 2012 zum *Pflegenotstand* durchgeführt.

Bei der ersten Tagung war Dörner wegen seiner Ideen zur Nachbarschaftswirtschaft im dritten Sozialraum höchst willkommen *(vgl. Dörners Beitrag in: G. Böhme (Hg.): Alternative Wirtschaftsformen. Bielefeld: Aisthesis Verlag 2012).*

Bei der Tagung über den Pflegenotstand vor allem wegen der von ihm vorangetriebenen Bewegung Alte aus den Altenheimen heraus! Bei beiden Tagungen fand Dörner nicht nur wegen seiner in langer Praxis erworbenen Erfahrung, sondern auch wegen seines mitreißenden Engagements ein begeistertes Publikum.

Dank, lieber Herr Dörner, für die vielen Anregungen, Unterstützungen und Ihre Offenheit, die ich nun schon über Jahrzehnte erfahren habe!

Konkret umsetzbare Impulse

Meine erste Begegnung mit Klaus Dörner war 2009. Ich hatte das Buch »Leben und sterben, wo ich hingehöre« mit großem Interesse gelesen und Klaus Dörner mit meinem Mann schon auf dem Kirchentag bei einer Podiumsdiskussion erlebt. Ich arbeite als Leitung eines ambulanten Hospizdienstes bei der Kirchlichen Sozialstation in Hockenheim. Wir haben als Einrichtung eine Wohngemeinschaft für Menschen mit Demenz initiiert und so waren wir sehr interessiert an den Gedanken und Beispielen, von denen Klaus Dörner berichtet.

Ich war so begeistert, dass ich mich traute, bei Herrn Dörner in Hamburg anzurufen, um ihn zu fragen, ob er nicht für einen Vortrag zu uns nach Hockenheim wolle.

Beim Telefonieren war ich sehr aufgeregt und wusste nicht so recht, wie ich diesen bekannten Mann ansprechen sollte – aber Klaus Dörner machte es mir einfach und sagte nur: »Ja, gerne, da muss ich in meinem Kalender nachschauen, wir werden schon einen Termin finden.«

Bei den weiteren Telefonaten lernte ich Klaus Dörner als sehr angenehmen und unkomplizierten Menschen kennen, nur hatte ich Schwierigkeiten, das von ihm gewünschte Raucherzimmer zu finden. Dazu Klaus Dörner: »Das wird schon gehen, da bin ich sicher.« Auch vom Bahnhof wollte er nicht abgeholt werden, da er sich gerne den Ort, in dem er Vorträge hält, zu Fuß anschaut. Mich und andere verantwortliche Mitarbeiter unserer Einrichtung beeindruckte, mit wie viel echtem Interesse sich Herr Dörner mit uns vor der Veranstaltung unterhielt. Da war der bekannte Professor, der uns das Gefühl gab, mit unserer Arbeit hier etwas ganz Besonderes zu leisten und uns darin bestärkte, diesen eingeschlagenen Weg weiter zu verfolgen.

Der Hospizdienst der Kirchlichen Sozialstation hatte zusammen mit dem Verein Vita Vitalis zu dem Vortragsabend eingeladen und der Saal war bis auf den letzten Platz besetzt. Über zwei Stunden und ohne Konzept erzählte Klaus Dörner engagiert, begeistert und mit großem Fachwissen von seiner Arbeit und seinen Ideen. Seine Begeisterung sprang auf das Publikum über, das auch nach zwei Stunden noch viele Fragen an ihn hatte.

Viele Gedanken entstanden. Welche Ideen wären in Hockenheim umsetzbar, oder was gibt es schon, an dem man weiterarbeiten könnte? Seit Klaus Dörners Besuch hat sich durch seine Impulse bei uns noch einiges ereignet. So gab es zwei Projekte mit den örtlichen Schulen, bei denen es zu Begegnungen von Schülern und älteren Menschen kam. Die jungen Menschen lernten bei mehreren Besuchen den Wohnraum demenzkranker Menschen kennen und bemalten eine graue Betonmauer im Außenbereich der Wohngemeinschaft mit Blumen, Insekten und Bäumen. In einem weiteren Projekt planten Senioren und Schüler zusammen den Garten der Wohnanlage. Bei einem gemeinsamen Grillfest gab es Möglichkeiten, sich noch näher kennenzulernen. Auch ein weiteres Demenzcafé ist durch das Engagement von Mitgliedern der Methodistischen Kirchengemeinden entstanden.

Aktuell möchte eine Bürgerin aus Hockenheim eine weitere Wohngemeinschaft für ältere oder demente Menschen gründen. Sie hat im örtlichen Gemeindeblatt eine Anzeige veröffentlicht, mit der sie Mitstreiter für ihr bürgerschaftliches Engagement sucht. Mein Mann, Pflegedienstleiter in der Kirchlichen Sozialstation, und ich möchten auch weiterhin das Pflegepersonal und die ehrenamtlichen Hospizdienstmitarbeiter für die Ideen und die Haltung Klaus Dörners sensibilisieren. Dabei sind seine Bücher sehr hilfreich. Vielleicht treffen wir ihn ja im Mai 2013 auf dem Evangelischen Kirchentag in Hamburg. Wir würden uns freuen.

Wir danken Klaus Dörner für die menschlich warmen Begegnungen und die Anregungen und Ideen, die auch den Profis im Sozialsystem helfen können, die Freude und Begeisterung an der Arbeit zu erhalten und unbekannte Wege zusammen mit engagierten Bürgern zu wagen.

Selbst leben anstatt gelebt werden

Lieber Herr Dörner,
als ich die Anfrage erhielt, etwas über meine Begegnung mit Ihnen und Ihrem Werk zu schreiben, war ich zunächst beschämt und voller Herzklopfen. Ich kleines Licht in der Sozialen Arbeit, soll über Sie etwas schreiben? Genauer betrachtet, finde ich es durchaus passend, denn Ihre Ideen und Projekte haben mich mein ganzes berufliches Leben lang begleitet, mein professionelles Selbstverständnis und Handeln mit geprägt und vor allem haben Sie mich mit Ihren Ansätzen ins Herz getroffen. So soll dies auch ein ganz persönliches Statement sein, zumal ich noch nicht von konkreten Projekten zur Belebung des dritten Sozialraumes berichten kann. Jedoch in meinem persönlichen Leben erlebe ich, wie glückbringend es ist, in einem selbst gewählten privaten Netzwerk zu leben, das in guten wie in schlechten Zeiten trägt.

Als Sie 2011 für einen Vortrag zu uns nach Ludwigshafen reisten, habe ich Sie als jemanden erlebt, der mir ganz auf Augenhöhe begegnete. Ich habe dieses persönliche Zusammentreffen mit Ihnen zutiefst genossen.

Als Studentin der Sozialarbeit in Freiburg las ich Ihr etwas andere Lehrbuch der Psychiatrie: »Irren ist menschlich«. Es hat mich beeindruckt, weil es Verständnis schafft für die Normalität des Unnormalen. Sie stecken Menschen mit psychiatrischen Diagnosen nicht in Schubladen. Sie beschreiben psychiatrische Erkrankungen wie auch die Situation des Helfenden vielmehr in Landschaften, die man durchwandert und aus denen man durch eigene Anstrengung und einem hilfreichen Umfeld auch wieder heraustreten kann. So ist jeder Mensch angesprochen – in jeder zu bewältigenden Lebensphase neu und bis ans Lebensende.

Später arbeitete ich im Zentrum für Psychiatrie in Emmendingen und kam dort mit Ihren psychiatriereformerischen Ideen und Projekten in Kontakt. Sie haben als Leiter der Psychiatrie in Gütersloh gezeigt, dass die Auflösung der Langzeitpsychiatrie möglich ist. Damit wurden nicht nur die Lebensqualität und -möglichkeiten der »Chronischen« gesteigert, sondern nebenbei auch die Kosten gesenkt, was ja immer wichtiger wird. Ich habe in einem solchen betreuten Wohnprojekt für Menschen mit psychischen Behinderungen gearbeitet und konnte mich davon überzeugen, wie bereichernd diese Wohnform für alle Beteiligten ist. Nicht dass diese selbständigeren Wohnformen einfacher zu leben wären – sie sind sehr anstrengend. Aber sie machen alle Akteure am Ende zufriedener, weil sie Entwicklungen und Selbstbestimmung ermöglichen und ein lebendiges Miteinander verwirklicht werden kann. Auch in den Wohnformen für pflegebedürftige Menschen geht es darum, selbst zu leben anstatt gelebt zu werden. Selbstbestimmung bedeutet für mich, das richtige Maß an Selbst- und Fremdfürsorge zu finden. Dieses richtige Maß muss an jedem Tag und in jeder Lebensphase neu gefunden und ausgehandelt werden.

Auch in der Hospizarbeit sind Sie mir wieder begegnet. Hier erlebe ich Ihre Prophezeiung in der Realität: Je mehr professionalisiert und institutionalisiert wird, desto mehr wird diese »zauberhafte« Bürgerbewegung zerstört. Es rücken Problemstellungen in den Vordergrund, die mit der Sorge um Sterbende und deren Angehörige nichts mehr zu tun haben.

»Die Menschen sollen wieder lernen, sich von ihrer Endlichkeit her zu begreifen. Wer leben will, ohne zu sterben, wird sterben, ohne gelebt zu haben.« (Dörner: Die Gesundheitsfalle, 2003)

Davor, nicht gelebt zu haben, brauchen Sie sicher keine Angst zu haben.

Ich wünsche Ihnen von Herzen alles Liebe und Gute zum Geburtstag, ein weiterhin so vitales und reiches Leben und dass Sie die Aufgaben des höheren Lebensalters gut bewältigen. Ihre Frau, ihre Familie, ein funktionierender dritter Sozialraum und ihr Schalk im Nacken mögen mit dazu beitragen.

Ihre Sonja Birkenmayer

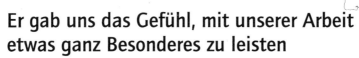

Er gab uns das Gefühl, mit unserer Arbeit etwas ganz Besonderes zu leisten

Meine erste Begegnung mit Klaus Dörner fand 2009 statt. Sein Buch »Leben und sterben, wo ich hingehöre« hatte ich gelesen und ihn auf einer Podiumsdiskussion beim Evangelischen Kirchentag erlebt. Ich arbeite als Leiterin eines ambulanten Hospizdienstes der Kirchlichen Sozialstation in Hockenheim. Wir haben eine Wohngemeinschaft für Menschen mit Demenz initiiert und waren sehr an seinen Gedanken und Beispielen interessiert.

Ich war so begeistert, dass ich mich traute, Herrn Dörner anzurufen, um zu fragen, ob er nicht einem Vortrag bei uns halten wolle. Während des Telefonats war ich sehr aufgeregt, wusste nicht so recht, wie ich diesen bekannten Mann ansprechen sollte – und dann war alles ganz einfach. Er meinte nur: »Ja gerne, da muss ich in meinem Kalender nachschauen. Wir werden schon einen Termin finden.« Die Terminbestätigung kam einige Tage später auf einer mit Schreibmaschine getippten Postkarte, versehen mit Weihnachtsgrüßen.

Bei weiteren Telefonaten lernte ich ihn als sehr angenehmen und unkomplizierten Menschen kennen. Schwierigkeiten hatte ich nur das von ihm gewünschte Raucherzimmer zu finden. Hierauf bestand er. Als ich sagte, ich könne kein Hotel mit Raucherzimmer finden, meinte er nur: »Das wird schon klappen, da bin ich sicher.«

Auch vom Bahnhof wollte er nicht abgeholt werden. Er gehe zu Fuß und schaue sich gerne den Ort an. Es beeindruckte uns, mit wie viel echtem Interesse Herr Dörner sich vor der Veranstaltung mit uns unterhielt. Er, der bekannte Professor, gab uns das Gefühl, mit unserer Arbeit etwas ganz Besonderes zu leisten.

Eingeladen hatte der Hospizdienst der Kirchlichen Sozialstation, zusammen mit dem Verein »Vita Vitalis«, Mitinitiator der Wohngemeinschaft für Menschen mit Demenz. Der Saal war bis auf den letzten Platz besetzt. Über zwei Stunden und ohne Manuskript trug Herr Dörner engagiert, begeistert und mit großem Fachwissen vor. Seine Begeisterung sprang auf das Publikum über, das auch nach zwei Stunden noch viele Fragen diskutierte. Welche Ideen wären in Hockenheim umsetzbar? Gibt es etwas, an dem man weiterarbeiten kann?

Nach dem Dörner-Besuch geschah – auch durch seine Impulse – einiges. Es kam zu zwei Projekten mit den örtlichen Schulen. Die Schüler lernten den Wohnraum demenzkranker Menschen kennen und bemalten eine graue Betonmauer im Außenbereich der Wohngemeinschaft mit Blumen, Insekten und Bäumen. In einem weiteren Projekt planten Senioren und Schüler gemeinsam die Gartengestaltung der Wohnanlage und bei einem Grillfest konnte man sich näher kennenlernen. Auch ein weiteres Demenzcafé entstand durch das Engagement von Mitgliedern der Methodistischen Kirchengemeinden. Eine Bürgerin aus Hockenheim nahm Kontakt zu uns auf. Sie möchte eine weitere Wohngemeinschaft für demente Menschen gründen und veröffentlichte im Gemeindeblatt eine Anzeige, bei der sie Mitstreiter für ihr bürgerschaftliches Engagement sucht.

Mein Mann, Pflegedienstleiter in der Kirchlichen Sozialstation, und ich möchten Pflegepersonal und Ehrenamtliche im Hospiz für die Ideen und die Haltung Klaus Dörners sensibilisieren. An Mitarbeiterwochenenden und bei Fortbildungen haben wir mehrfach mit seinem Buch »Leben und sterben, wo ich hingehöre« gearbeitet. Auch sein Buch »Helfensbedürftig« steht bereits in unserem Bücherregal.

Wir danken ihm für die menschlich warmen Begegnungen und seine Anregungen. Diese helfen auch den Profis, ihre Begeisterung an der Arbeit zu behalten und innovative Wege mit engagierten Bürgern zu wagen.

Klaus Hiemeyer, Nürnberg
Bezirksamt Mittelfranken

Der dritte Sozialraum blüht immer mehr

So wie hier die Wüste blüht,

so erblüht zunehmend der dritte Sozialraum.

Professor Dörner hat daran einen erheblichen Anteil,

auch an den Blüten hier in Nürnberg.

Vielen Dank und Alles Gute zum Geburtstag!

Klaus Dörner ist ein Macho, aber nicht nur ...

Ein Macho, sagt meine Freundin Rut, die sich mit Männern auskennt und gerne bereit ist, ihm die Gründe ihre Sichtweise persönlich, schriftlich oder mündlich mitzuteilen. Wenn er tatsächlich ein Macho ist, wird er sich wohl nicht melden. Da bin ich aber gespannt.

Ohne sein mit Ursula Plog verfasstes Buch »Irren ist menschlich« wäre die Welt kälter und hoffnungsärmer. Viele Jahre später habe ich Ursula Plog näher kennenlernen dürfen. Damals war ich neugierig und hätte sie gerne gefragt, wie es war, welche Gefühle sie damals bewegten, aber auch, wie man sich einigt, wenn zwei Menschen wie Klaus Dörner und sie ein so gewaltiges Buch miteinander geschrieben haben. Aber irgendwie habe ich mich nicht richtig getraut, es wäre zu privat gewesen.

Klaus Dörner war ein Wegweiser, für mich und viele meiner Generation, die es privat oder beruflich in die weite Landschaft der Psychiatrie verschlagen hat. Gerade in Bayern wurde in den 1980er- und 1990er-Jahren lieber in Beton neuer Krankenhäuser investiert, statt die Konsequenzen aus der Psychiatrieenquete zu ziehen. Hier waren – zumindest war dies meine damalige berufliche Erfahrung – sozialpsychiatrische Ideen gleichbedeutend mit Außenseitermeinung und Einzelkämpferdasein. Als ich, müde und frustriert, Klaus Dörner damals einen Brief schrieb und meinen Ballast ablud, erhielt ich erst keine Antwort. Ich war schon bereit, ihn zu vergessen, dann kam plötzlich ein langer handgeschriebener Brief von ihm. Mit persönlichen Erfahrungen und Mut machenden Ideen. Da gingen mir nicht nur ein Licht, sondern viele Sonnen auf und ich konnte meinen Weg weitergehen. Nichts erinnert in seinem Engagement an Don Quijote, obwohl seine Bereitschaft gegen »Scheinriesen« zu kämpfen, eine ähnliche Berühmtheit verdient hätte.

Klaus Dörner ist ein Meister der paradoxen Intervention. Ein Schuss Verrücktheit an der richtigen Stelle, oder, wie er es ausdrückt: »Aus leeren Kassen Kapital schlagen« hat selbst beim Scheitern Ausgänge eröffnet.

Mit dieser Aussage, die, anders ausgedrückt, auch bedeutet: »Geld spielt erst einmal keine Rolle« ließen sich immer wieder Menschen anregen, gemeinsam Ideen zu entwickeln. Aus einigen Ideen solcher Zukunftswerkstätten wurden Konzepte und Grundlagen für sozialpsychiatrische Projekte entwickelt, die sich letztendlich finanzieren ließen.

»Leben und sterben, wo ich hingehöre«, ist das verführerischste Versprechen für schöne Aussichten im Alter. Sein Engagement für ambulant betreute Wohngemeinschaften in Bielefeld hat uns ihn vor wenigen Jahren zu Hilfe rufen lassen, als unsere eigene ambulant betreute Wohngemeinschaft für demenzkranke Menschen im mittelfränkischen Steigerwald durch bürokratische Dickköpfe bedroht war. Seine einzige Botschaft war: weiter kämpfen für diese hervorragende Idee. Dies haben wir erfolgreich umgesetzt.

Klaus Dörner ist aus der Nähe betrachtet ein kluger, charmanter, mit allen Sinnen genießender und jung gebliebener Wortzauberer. Dies hat, und damit beschließt eine weitere kluge weibliche Stellungnahme diesen Reigen, die Gattin eines Klinikchefs bestätigt. Ihr Mann hatte ihr so viel von Klaus Dörner vorgeschwärmt, dass sie ihn unbedingt kennenlernen wollte. Im Anschluss an einen Vortrag war dies möglich.

Wir wünschen ihm, dass er seine Arbeit als Sämann noch viele Jahre fortsetzen und mit viel Freude und Gelassenheit die Früchte dieses Seins genießen kann.

Gernot Rüter, Benningen

Vom Kern hausärztlicher Tätigkeit

»Das führt uns zurück zu der Überlegung, dass der Prozess der Verwissenschaftlichung der Medizin letztlich auch das Selbstvertrauen genommen hat, aus der eigenen ärztlichen Existenz heraus selbst eine ethische Orientierung zu entwickeln.« [S.18]

Solche Sätze in Klaus Dörners »Der gute Arzt« hatten mich tief beeindruckt. Ich schrieb ihm, wie sehr mir sein Buch geholfen habe, Ordnung in eigene Gedanken und Anmutungen zu bringen. In ein unfertiges Haus habe er Stockwerke, Korridore und Zimmer eingezogen. Mich beschäftigte damals die geplante Einführung von disease management Programmen (DMP) und ich teilte Klaus Dörner meine Gedanken dazu mit. Er ermutigte mich sehr, den Text zu veröffentlichen, und schrieb am 10. Oktober 2001: »Sie glauben gar nicht, was Sie mir mit dem Text für ein schönes Geschenk gemacht haben: Mein Traum beim Schreiben des ›guten Arztes‹ war es, dass andere Kollegen meine Gedanken als roten Faden nutzen, um damit einen konkreteren praktischen Problembereich besser analysieren, beschreiben und lösen zu können.«

Persönlich lernte ich Klaus Dörner dann bei der Vorstellung seines Buches im Hospitalhof in Stuttgart kennen: Ein Referent im Pullover mit einem einzigen, kreuz und quer beschriebenen Notizbogen aus dem er frei seinen zweistündigen Vortrag voller medizinischer, menschlicher und philosophischer Tiefen entwickelte. Die Erinnerung an unseren Briefwechsel und meinen Namen waren sofort lebendig.

Wenig später feierte die nahe gelegene psychiatrische Landesklinik Winnenden ein Jubiläum, zu dem Klaus Dörner als Festredner eingeladen war. Er hatte die ausrichtende Chefärztin gebeten, ob er wegen seiner Abneigung gegen Hotels in ihrem kleinen Gästezimmer übernachten könnte. Ein gemeinsames Frühstück würde er sehr genießen. Dazu wurden auch meine Frau (Psychotherapeutin) und ich eingela-

133

den. Erneut konnten wir dabei Herrn Dörners Offenheit für Gedanken und Berufssituationen anderer bewundern, aber auch seine kompromisslose Strenge und Unangepasstheit bei der Bewertung schwieriger Kontexte dieser Lebenssituationen. In seinem Festvortrag forderte er dann u.a. vehement, dass der Weg ins Pflegeheim keine Einbahnstraße sein dürfe, sondern dass immer wieder Menschen aus Heimen in die Selbstversorgung zurück oder in sozial vertraute Versorgungsformen entlassen werden müssten.

Bei einem Kongress der Deutschen Gesellschaft für Allgemeinmedizin und Familienmedizin (DEGAM) begegnete ich erneut dem gefeierte Redner Dörner, der sich hier mit Fragen der Medizin am Lebensende in ebenso klarer und kompromissloser Weise befasste.

Welche Bedeutung Klaus Dörner für mein Leben hatte? Das lässt sich gar nicht überschätzen. Er brachte mich zur Philosophie. Durch *Biomedizin* (Ullrich), *Der gute Arzt* (Dörner), *Integrierte Medizin* (v. Uexküll, Plassman, Geigges), Schattauer-Bände, ermutigt, Begegnungen mit Patienten und Fragestellungen in meiner hausärztlichen Praxis wichtig zu finden, entstanden Aufsätze darüber. Das Wichtigste aber ist, dass Klaus Dörner mich anleitete, zu sehen, was ich inzwischen für den Kern hausärztlicher Tätigkeit halte: Sich dabei zwar auf externe Studienevidenz zu stützen, aber darüber hinaus die Personen des Patienten und des Arztes und den jeweiligen Lebenskontext des Patienten, in dem Kranksein entsteht und gelebt werden muss, mit einzubeziehen. Dazu noch ein Zitat aus seinem Brief an mich: »*Es müsste hervorgehoben werden, dass das Spannungsfeld des ärztlichen Tuns, einmal auf die Krankheit, zum anderen auf den Kranken bezogen, das natürlich auch schon beim akut Kranken gilt, beim chronisch Kranken so weit zur einmaligen Person des Kranken verschoben ist, dass sich DMP als Krankheitskonzept von selbst verbietet, zumindest was den Anspruchsradius angeht.*«

Wie wohl vielen anderen war Klaus Dörner auch mir ein wichtiger Wegweiser.

Jo Jerg, Ludwigsburg
Evangelische Hochschule

Spurenleger, Entgrenzungskünstler, Mutmacher

Es gibt Menschen im Leben, mit denen sich wenige direkte Begegnungen über die Jahre ergeben, die aber in vielen Alltagssituationen gegenwärtig sind bzw. die über einen langen Lebensabschnitt durch ihre Beiträge die eigene Arbeit inspirieren, ermutigen, begleiten, sich immer wieder mit neuen Denkanstößen melden. Zu denen gehört Klaus Dörner.

Seit über 30 Jahren haben wir an der Evangelischen Hochschule Ludwigsburg einen Lehr- und Forschungsschwerpunkt zum Thema Lebenswelten von Menschen mit Behinderungserfahrung. Seit über 30 Jahren »begleitet« Klaus Dörner unsere Seminare. Begonnen hat es mit dem Standardwerk »Irren ist menschlich«. Schon die Gebrauchsanweisung, das Buch sollte auch den »Leser privat befähigen, mit sich und seinem Leben besser um(zu)gehen«, zeigt eine Haltung zum fachlichen Verständnis, das in der Sozialen Arbeit immer noch ein Nachdenken provoziert. Heute kann die inklusive und intersektionale Ausrichtung von Dörners Gedanken an seiner interdisziplinären Bedeutung abgelesen werden: Dörners Bücher sind gegenwärtig an unserer Hochschule Gegenstand von Inklusions-, Pädagogik-, Ethik-, Gesundheits-, Gerontologieseminaren.

In unserer 30-jährigen Praxisforschungstätigkeit im Bereich der Integration/Inklusion war und ist Klaus Dörner eine Ermutigung und Vergewisserung. Seit ca. 20 Jahre wird beispielsweise in Kooperation mit der Arbeitsgemeinschaft Integration Reutlingen e.V. (Elternselbsthilfe) die Entwicklung von Integrativen Wohngemeinschaften für Menschen mit und ohne Behinderung thematisiert. Die Positionen von Klaus Dörner sind für unseren Alltag und für Tagungen wichtige Impulsgeber und eine Unterstützung für die praktische Überzeugungskraft.

Best Practice Beispiele erhalten in Dörners letzten Veröffentlichungen eine zentrale Bedeutung. Dieser Fundus an gelingender Alltagsbewältigung ist eine Wertschätzung für Projekte, die öffentlich oft nicht wahrgenommen werden. Klaus Dörner bringt Projekte ans Licht, vernetzt sie durch die Zusammenstellung und schafft somit die Gelegenheit, konkrete Kontakte herzustellen. Der größte Effekt unserer langjährigen Projekterfahrungen ist: Reisen bildet! Deshalb bietet der Austausch mit anderen Projekten – wie Dörner ihn fördert – die größten Anstöße und Wirkungen.

Dörners unkonventionelle Lesart von gesellschaftlichen Entwicklungen und dialogische Haltung spiegelt sich authentisch im persönlichen Kontakt wider. Mein erster direkter Kontakt ergab sich über eine Postkarte, die ich eines Tages in meinem Briefkasten fand. Dies war im Zeitalter des Computers eine Rarität. Das Besondere war aber, dass ich zum ersten Mal von einem Kollegen, mit dem ich bisher keinen Kontakt hatte, eine persönliche Besprechung zu meiner Veröffentlichung zu integrativen Wohngemeinschaften bekam, die sehr wertschätzend war und gute Anregungen für die inhaltliche Weiterarbeit sowie Tipps für weitere Kooperationen enthielt. Das hat sich in den wenigen persönlichen Begegnungen bestätigt.

»Vom Letzten her denken, mit den Schwächsten beginnen« – diese inklusive Orientierung und dieser radikale Grundgedanke, die Klaus Dörner glaubwürdig durch seine praktische Umsetzungen vertreten kann, sind immer Hoffnungen, die unsere Projekte mittragen und vor allem Eltern, die Töchter und Söhne mit umfassenden Assistenzbedarf haben, ermutigen und einen unbestimmbaren Wert darstellen. Denn dieser Paradigmenwechsel, an den sich die meisten nicht wagen, ist heute mehr als je zuvor bedeutsam.

Für die Zukunft wünsche ich Ihnen, Klaus Dörner, in tiefer Dankbarkeit für Ihre kritischen, widerständigen und ermutigenden Positionen, dass die Dinge, die Ihnen wichtig sind, noch mehr Bedeutung erlangen – im privaten wie auch im öffentlichen Leben.

Monika Pichlmaier, Waiblingen
BürgerInteressenGemeinschaft Waiblingen-Süd

Kommerz oder Herz?

Nach meiner Pensionierung 2004 hatte ich mir vorgenommen, mein Erfahrungswissen zum Nutzen der Gesellschaft einzusetzen nach der Devise »*Höre nie auf anzufangen und fange nie an aufzuhören*«.

Waiblingen-Süd ist ein im Wachstum begriffener Stadtteil. Ende der 1950er-Jahre war es eine Siedlung mit vorwiegend Vertriebenen aus Ungarn. Heute leben hier neben der älteren Generation junge und Familien mit Migrationshintergrund. Die Ökumene zwischen Protestanten und Katholiken ist im Aufbruch. Daneben hat sich eine Bürgerinteressengemeinschaft (BIG) gebildet, um neutral ein Netzwerk zu bilden für Alt und Jung. Das Netzwerk sollte dazu dienen, im Notfall füreinander da zu sein – oder einfach Zeit zu haben um vorzulesen, zu spielen, spazieren zu gehen, einzukaufen, zuzuhören, zu begleiten, Nachhilfe zu geben, Bewerbungshilfe anzubieten, Leih-Omas zu stellen etc.

Mit großem Interesse hatte ich die Lektüre »Leben und sterben, wo ich hingehöre« – insbesondere über den dritten Sozialraum, der Nachbarschaft, gelesen. Dies hatte mir schließlich auch Mut gemacht, das Bürgernetzwerk Gestalt annehmen zu lassen.

Im Zusammenhang mit dem demografischen Wandel gibt es jedoch eine Vielzahl von »Anbietern« für die verschiedensten Lebenslagen, was vor allem für Ältere verwirrend ist.

Meine persönliche Erfahrung, Anfang der 1990er-Jahre Gruppen mit einer 1:1-Betreuung zur Entlastung pflegender Angehöriger von Demenzkranken zu schaffen, wurde spontan angenommen. Die Stadt Waiblingen stellte Räume zur Verfügung, die ehrenamtlich Tätigen verzichteten auf ein Honorar und wurden professionell geschult. Heute haben die sogenannten »sozialen Dienste« auch hier eine »Marktlücke« entdeckt.

Um Berührungsängste mit den ambulanten Anbietern abzubauen und zu vermieden, dass dieses Projektes mit einem »Helfersyndrom-

Lächeln« quittiert würden, galt es im Interesse des Stadtteils einen erfahrenen, neutralen Referenten zu finden.

Immer wieder liebäugelte ich damit, Professor Dörner zu kontaktieren, verwarf jedoch ebenso regelmäßig den Gedanken, da unser Projekt ja nur XXS und nicht XXL war.

In der Regel ist der Draht zu einem promovierten und habilitierten Referenten mit Bürokratie verbunden. Aber was ich erlebte, als ich mich überwunden hatte, war zunächst der »Draht« zur Ehefrau des Autors, die über den vollen Terminkalender ihres Mannes bestens informiert war. Sie wies mich jedoch nicht ab, sondern motivierte mich im Gegenteil. Sie war es, die mir einen persönlichen Erstkontakt ermöglichte.

Das Gespräch kam bald zustande und endete mit einem Terminangebot ohne feste Honorarforderung. Noch heute bin ich beschämt darüber, wie bescheiden unser Dank ausfallen konnte.

Von der großen Hansestadt in das beschauliche, schwäbische Stauferstädtchen kam der Referent mit dem Zug. Kein großer Bahnhof, kein roter Teppich, kein großer Hörsaal, wie er es sonst gewohnt war. Wie ein junger Redner sprang er nach der Begrüßung auf die Bühne und faszinierte das Publikum und zwar nicht durch eine »hochakademische« Rede, sondern mit der Kunst, jeden zu erreichen. Er stellte Situationen praktisch dar, analysierte und beseelte, sodass auch keine Konkurrenz zu den offiziellen Stellen aufkam. Nach einer lebhaften Diskussion blieb nur kurze Zeit für ein gemeinsames Feedback bei einer Tasse Kaffee. Dann ging es auf die nächtliche Heimreise in den Norden.

Zurück blieb eine Motivation für die interessierten Zuhörer – und eine Beschämung für die Veranstalter, aber auch, zumindest für mich, die Tatsache, dass »im Herzen groß zu sein«, ansteckende Wirkung hatte. Dafür auch heute nochmals D A N K.

Klaus Obert, Stuttgart
Sucht- und Sozialpsychiatrische Hilfen, Caritasverband

Radikalität im positiven Sinne

Denke ich an Klaus Dörner, fällt mir ein: im Wesentlichen ging die Infragestellung der Anstaltspsychiatrie und des naturwissenschaftlich-medizinischen Modells sowie die Aufarbeitung des Euthanasieprogramms von ihm aus. Er gehört neben Franco Basaglia, Erich Wulff, Alexander Veltin und Asmus Finzen zu den sozialpsychiatrischen Vorbildern, an denen ich mich orientierte. Über sie habe ich Kraft, Motivation und Durchhaltevermögen in oft nicht einfachen Auseinandersetzungen geschöpft.

Die Zwiespältigkeit eines Vorbilds ...
Klar, dass Dörner gegenüber der Rolle eines Vorbildes Einwände geltend macht. In der Tradition einer kritischen Gesellschaftstheorie gilt es sich mit falsch verstandenen Vorbildern auseinanderzusetzen. Doch man übersieht, dass die »große« wie die »kleine« Geschichte von allen Menschen geschrieben wird. Es gilt sich die Dialektik von Person und Gesellschaft, von Mensch und Struktur bewusst zu machen. Klaus Dörner ist für viele wegen seines Anspruchs einer ethisch fundierten sozialen Psychiatrie Vorbild. Er hat Orientierung in unübersichtlichen Situationen vermittelt.

Symbolfigur und Orientierungshilfe
Auf den Punkt gebracht: Klaus Dörner ist eine Symbolfigur für den sozialpsychiatrischen Aufbruch. Er steht wie Basaglia für
– die Überwindung der Anstaltspsychiatrie und des medizinische Modells,
– für die Humanisierung der Psychiatrie,
– für die Rückkehr des psychisch kranken Menschen in die Gesellschaft,
– für die »Normalisierung des Verschiedenseins« gegen Ausgrenzung, Objektivierung und Gewalt.

Meine Begegnungen mit Klaus Dörner

Zuerst begegnete ich ihm während meines Studiums. 1982, während des Aufbaus sozialpsychiatrischer Hilfen in Stuttgart, lernte ich ihn über seine Bücher »Bürger und Irre«, »Sozialpsychiatrie«, »Irren ist menschlich« sowie auf Vorträgen und Tagungen kennen. Mich faszinierten seine Rhetorik und die Umsetzung der Ent- oder Deinstitutionalisierung des Landeskrankenhauses Gütersloh. Schließlich verbrachte ich Anfang der 1980er-Jahre ein Jahr in den Zentren der italienischen Reformpsychiatrie Triest und Arezzo. Mit dem Aufbau sozialpsychiatrischer Hilfen in Stuttgart und meinen Aktivitäten in der Deutschen Gesellschaft für Soziale Psychiatrie und in der Aktion Psychisch Kranke lernte ich Dörner persönlich kennen. Ohne Verklärung möchte ich von einem Lehrer-Schüler-Verhältnis sprechen. Höhepunkt war sein Vorwort für mein Buch »Alltags- und lebensweltorientierte Ansätze sozialpsychiatrischen Handelns« (Psychiatrie Verlag, 2001).

Radikalität und Eindeutigkeit

Ob es sich um seinen Einsatz gegen die »Geiselnahme« durch die Wohnheimunterbringung handelt oder seine Auseinandersetzung um die Situation des alten Menschen und seines Verbleibs im Gemeinwesen unter Aktivierung des dritten Sozialraums, oder ob er die Frage nach dem bedingungslosen Wert und der voraussetzungslosen Würde des Menschen stellt: Seine Botschaften sind offen, klar, authentisch und radikal im Sinne der bedingungslosen Bejahung des menschlichen »So-Seins«. Es ist dabei nicht einfach Spuren seiner Vorträge auszumachen. Viel wichtiger sind die vielen, über Jahrzehnte entstandenen Impulse für die Praxis. Das Denken und Handeln, »der Geist Klaus Dörners« beflügelt nach wie vor Haltung und Handeln vieler Menschen. Klaus Dörner schafft ein »Modell« zur Identifikation mit dem, was er verkörpert: Ehrlichkeit, Eindeutigkeit, Engagement, Zuverlässigkeit, Integrität und Unbestechlichkeit, letztlich seine Radikalität im positiven Sinne. Ein Mahner, nie die Bereitschaft und die Fähigkeit verlierend, selbstkritisch und -reflexiv zu bleiben und den Menschen in den Mittelpunkt des Handelns zu stellen: gegen die »Logik der Institution und gegen die Mauern in den Köpfen«.

»Ein gelingendes Leben bedarf auch der Last«

»Liebe Frau B.,
keine Angst – es bleibt alles, wie geplant für den 11.10.12; ich habe
nur gerade gemerkt, dass ich abends noch nach Hause kommen
kann, z.B. 18.51 h – und zu Hause ist es – wie bekannt – immer am
schönsten, nicht nur für mich, sondern auch für meine Frau. Das auf
die Schnelle, damit Sie das Hotel noch abbestellen können, womit
wir der Caritas noch ein bisschen Geld einsparen können! Bis bald
Ihr K. Dörner«

So lautete die letzte von vier Postkarten, die kurz vor der geplanten Veranstaltung bei unserer Fachreferentin eintraf. Diese gewöh-
nungsbedürftigen »Entschleunigungs«-Karten von Klaus Dörner
wurden übrigens alle aufgehoben ...

Über seine zahlreichen Veröffentlichungen und Vorträge hinaus
war Klaus Dörner für uns im Caritasverband der Diözese
Rottenburg-Stuttgart in den letzten Jahren immer wieder inspirieren-
der Impulsgeber und kritischer Begleiter. Dies vor allem bei unseren
beiden Projekten »Wohnen in der Gemeinde« und »Leben ist angesagt«. Entscheidend und herausragend war zugleich, wie es ihm
gelungen ist, bei Begleitveranstaltungen die Projektteilnehmer
beharrlich für die Dimensionen einer inklusiven Gemeinde zu sensibilisieren, sie in ihrem Engagement in dieser Spur immer neu zu motivieren und zu bestärken.

Eine ganz neue Seite, einen neuen Ton durften wir an Klaus
Dörner am 11. Oktober 2012 bei einem Vortrag zu Pränataldia-
gnostik und Behinderung im Rahmen des Projekts »Leben ist angesagt« kennenlernen. Immer hat er seine Thesen mit vielen Beispielen
aus seinem beruflichen Kontext und seiner reichen Erfahrung unter-
mauert und war dabei immer sehr authentisch. An diesem Mittag
wählte er Beispiele und Erfahrungen aus seinem eigenen Familien-
system – sehr persönlich, sehr nah. »Ein gelingendes Leben bedarf

auch der Last«, sagte er – und was er berichtete, war berührend spürbar für die Zuhörenden.

Zwei Thesen Dörners, die unser Denken und unsere Arbeit nachhaltig geprägt haben, seien hier herausgegriffen: Einerseits, dass jeder Mensch nicht nur hilfsbedürftig ist, sondern auch helfensbedürftig, sodass zur Teilhabe immer auch die Teilgabe gehört. So haben beispielsweise Frauen und Männer mit Behinderung wie alle Menschen das Bedürfnis, bedeutsam zu sein für andere.

Die zweite, für unsere Arbeitskontexte bedeutsame Aussage bezieht sich auf den Bürger-Profi-Mix. Und wenn Klaus Dörner von Bürgern spricht, schließt er ganz selbstverständlich alle mit ein.

Er hat gesellschaftliche Trends und daraus resultierende Herausforderungen (wie zum Beispiel die alternde Gesellschaft) zu einem Zeitpunkt erkannt, an dem nur einige wenige die Probleme sahen oder wahrhaben wollten. Heute, im Jahr 2013 fällt es leicht, sich seinen Thesen anzuschließen. Früher eckte er damit an, und hat sich dennoch nie dazu verleiten lassen, entgegen seiner Überzeugung ein Thema schönzureden.

Die von ihm schon früh beschriebene neue Bürgerhilfebewegung kennzeichnet den »dritten Sozialraum«. Der hier entstehende »Nachbarschafts-Sozialraum«, der zu einem »Wir-Raum« wird, folgte dem Aufruf der Solidarität, »vom Letzten her zu denken«.

Wir wünschen Klaus Dörner von ganzem Herzen, dass er weiterhin die richtigen Fragen stellt und auch in Zukunft Antworten, Visionen und Konzepte vorstellt, die weiterführend sind, dass er noch lange bei guter Gesundheit ist, um möglichst vielen Menschen mit seinen Vorträgen Mut zu machen, aber auch um Zeit im Kreis seiner Familie und Freunde zu verbringen.

Sein Engagement für eine Wiederbelebung des »dritten Sozialraums«, der Nachbarschaft und sein Aufruf, Verantwortung für Schwächere zu übernehmen, möge weiter wirksam bleiben und Früchte tragen!

Margret Oelhoff, Ettenheim
St. Josefshaus-Förderverein

Leben bis zuletzt – da, wo ich hingehöre

Zwischen unserem St. Josefshaus-Förderverein e.V. und Prof. Klaus Dörner gibt es zahlreiche Berührungspunkte.

Der Verein wurde 1984 gegründet. Sein Ziel war es von Anfang an, dass in einer Gemeinde mit 12.000 Einwohnern die alten und behinderten Menschen in ihrem gewohnten Umfeld bleiben können, auch wenn der Hilfebedarf immer größer wird. Dazu übernahm der Verein ein Haus der Kirche, das St. Josefshaus, baute es zu sieben behindertengerechten Kleinwohnungen um und organisierte selbst die Betreuung, die Pflege und die Rufbereitschaft rund um die Uhr. Wichtig war, dass alle Bewohnerinnen und Bewohner aus der Gemeinde stammen und beim Einzug noch Selbstversorger waren. Bis heute gilt, dass dieser Schritt selbstständig und selbstbestimmt und nicht von Angehörigen vollzogen werden soll. Eine Körperbehinderung stellte nie ein Hindernis dar, allerdings eine Demenz schon vor dem Einzug, da dann das Eingewöhnen in der neuen Wohnung und das Kennenlernen der Mitarbeiter nicht mehr möglich ist. Danach, im vertrauten Umfeld, kann alles aufgefangen werden.

Die erste Bewährungsprobe war 1990 zu bestehen, als die ersten Bewohnerinnen voll pflegebedürftig wurden und die Mitarbeiterinnen sie schließlich auf ihrem letzten Lebensweg begleiten mussten. Das trauten sich anfangs nicht alle zu, sie wurden aber sicherer und waren anschließend richtig zufrieden und glücklich, dass sie es schafften. Inzwischen ist das kein Problem mehr, denn in den 26 Jahren seit Bestehen des »Betreuten Wohnens« in seiner besonderen Form sind 51 Bewohnerinnen und Bewohner verstorben, zwei Drittel davon in der eigenen Wohnung und ein Drittel im Krankenhaus nach einem kurzen Krankenhausaufenthalt. Alle konnten bis zum Schluss in ihrer Wohnung bleiben.

Als sich alles gut eingespielt hatte, kam eine Anfrage der Stadt, ob der Verein ein weiteres altes Gebäude der Stadt in unmittelbarer

Nachbarschaft zum bestehenden übernehmen und nach dem gleichen Muster betreiben könnte. Das Gebäude, die ehemalige »Winterschule«, wurde ebenfalls saniert und zehn weitere behindertengerechte Wohnungen für Senioren errichtet. Das Haus wurde 1993 in Betrieb genommen und die Bewohnerinnen und Bewohner nach dem gleichen Konzept betreut.

Mit dieser Idee begegneten wir 1993 Herrn Prof. Klaus Dörner auf dem ökumenischen Kirchentag in Berlin und verstanden uns gleich sehr gut. Wir waren schon mitten in der Arbeit, hatten uns alle Ideen selbst erarbeitet und trafen zu diesem Zeitpunkt jemanden, der den wissenschaftlichen Hintergrund dazu lieferte und uns darin bestärkte, unsere Idee weiter zu verfolgen. Das war für uns wie eine Offenbarung und ein Geschenk.

Inzwischen wurde die Idee noch weiter ausgebaut: Auch Menschen mit Behinderung, die noch mehr als andere Menschen auf das gewohnte Umfeld angewiesen sind, sollen nicht aus der Gemeinde weg müssen, wenn die Familie die Betreuung nicht mehr gewährleisten kann!

In diesem Zusammenhang holten wir Herrn Dörner zu einem Vortrag nach Ettenheim, denn er sollte von fachlicher Seite erklären, dass so etwas geht. Wir selbst waren sowieso davon überzeugt, mussten aber die Eltern, die Kommune, das Landratsamt und viele andere Behörden davon überzeugen, dass auch diese Menschen in kleinen Einheiten mitten in der Gemeinde leben können. Der Vortrag von Prof. Dörner hat die Sache wirklich ins Rollen gebracht. Im »Ettenheimer Bürgerstift«, wie das 2008 in Betrieb genommene Haus heißt, wohnen noch einmal acht Senioren in sechs Wohnungen und insgesamt zwölf Menschen mit Behinderung in drei Wohngruppen und einer separaten Wohnung für ein Rollstuhlfahrer-Ehepaar.

Im Rückblick ist es schön und befriedigend, dass wir unseren Weg gehen konnten und dass es für mich wie für alle 750 Mitglieder des St. Josefshaus-Fördervereins e.V. ein Erlebnis ist, wenn wir den Senioren oder den Menschen mit Behinderung mitten in der Gemeinde begegnen.

Wir danken Herrn Prof. Klaus Dörner für seine Unterstützung und »Schützenhilfe« und wünschen ihm noch viele Jahre in Gesundheit.

Bürgerschaftliche Hilfe im Sozialraum Dorf

Den Namen Prof. Klaus Dörner hörte ich erstmals Ende 2003, als ein Interview mit ihm in »DIE ZEIT« erschien, das in der noch kleinen »Szene« der bürger- bzw. zivilgesellschaftlichen Akteure im Betreuungs- und Pflegebereich die Runde machte. Die darin enthaltenen Aussagen waren für uns äußerst interessant, denn sie bedeuteten die »wissenschaftlich-professorale« Bestätigung unseres Weges, den wir in unserem kleinen Dorf Eichstetten im Jahre 1994 begonnen hatten. Was ist bei uns entstanden?

Immer wieder wurde ich als Bürgermeister von älteren Menschen gefragt, in unserem Dorf eine Einrichtung zur Betreuung und Pflege von älteren bzw. hilfsbedürftigen Menschen – zum Beispiel eine Seniorenwohnanlage – zu errichten, da die Angehörigen auswärts lebten oder keine Zeit für Betreuung und Pflege hatten.

Anfragen bei potenziellen Betreibern solcher Einrichtungen ergaben, dass unser Dorf dafür zu klein sei und sich das betriebswirtschaftlich nicht rechnen würde.

Dies war für uns auf der einen Seite sehr unbefriedigend, weckte aber auf der anderen Seite unseren Pioniergeist, einen eigenen dörflich-bürgerschaftlichen Weg zu gehen und dafür zu sorgen, dass unsere älteren und hilfebedürftigen Mitbürger im Dorf – in ihrer gewohnten Umgebung – bleiben können.

»Das Dorf übernimmt den Generationenvertrag« war unsere Vision. Also wieder zurück in die Zeiten vor den Sozialreformen von Bismarck, in denen Dörfer und Städte in »genossenschaftlicher Weise« auch für ihre Alten gesorgt haben. Das war in den 1990er-Jahren dann allerdings ein sehr steiniger Weg mit vielen Widerständen von verbandlicher und fachlicher Seite.

Eine Hilfe in der Anfangszeit waren uns die Besuche und Gespräche im St.Josef Haus in Ettenheim, wo bereits ein ähnlicher Weg eingeschlagen worden war.

145

In dieser Zeit war das oben erwähnte »DIE ZEIT«-Interview für uns eine ganz wichtige Unterstützung. Es war sehr ermutigend, feststellen zu können, dass wir mit unserer Vorgehensweise nicht mehr nur Einzelkämpfer in einem kleinen Dorf waren, sondern ganz im Kontext der Aussagen von Prof. Dörner lagen. Gerade auch sein Buch »Leben und sterben, wo ich hingehöre« hat uns sehr bestärkt, den begonnenen Weg mit weiteren neuen Einrichtungen fortzusetzen.

Folgende Einrichtungen in der Trägerschaft der Bürgergemeinschaft in Eichstetten wurden nach und nach verwirklicht und werden sehr gut angenommen:

- Betreuung und Pflege im Dorf in der eigenen Häuslichkeit
- Betreutes Wohnen im Schwanenhof
- Tagesbetreuungsgruppe (Tagespflege)
- Pflegewohngruppe »Adlergarten«
- integratives Tagescafe »Mitnander«

Unsere Leitlinien: Verantwortung teilen in einem Hilfemix von Angehörigen, engagierten Bürgern und Profis – auf gleicher Augenhöhe –, die Herausforderungen des demografischen Wandels im Sozialraum Dorf bewältigen. Die soziale Kultur ist deutlich gewachsen und ist ein großer Gewinn für unsere Dorfgesellschaft.

Ich habe Herrn Prof. Dörner mehrfach in Vorträgen und gemeinsamen Workshops erleben dürfen und ich war immer fasziniert, wie er mit einfachen Beispielen aus dem Leben, unterstützt durch seine Persönlichkeit und Kompetenz, den oft sehr kritischen Fragen und Anmerkungen aus der »Sozialindustrie« entgegengetreten ist.

Leider war Herr Prof. Dörner nie selbst bei uns in Eichstetten. Er hat uns »aus der Ferne« durch seine Vorträge, die gemeinsamen Gespräche und seine Bücher sehr geholfen und unterstützt. Hierfür möchten wir ihm von Herzen Danke sagen.

Ich wünsche Ihnen, lieber Herr Prof. Dörner, zu Ihrem 80. Geburtstag vor allem Gesundheit und die Kraft für viele weitere inspirierende Vorträge – und natürlich würden wir uns sehr freuen, wenn es Ihnen möglich wäre, unsere bürgerschaftlich getragenen Einrichtungen für hilfsbedürftige und behinderte Menschen in unserem Dorf Eichstetten zu besuchen.

... seine produktiv-polarisierende Sprache

Klaus Dörner kenne ich seit den 1980er-Jahren, von den Gesundheitstagen und über seinen früh verstorbenen Kollegen Lehmann – noch in meinen Hamburger Jahren.

Ein intensiverer Kontakt zu Klaus Dörner ist auf zwei Ebenen entstanden: Zum einen über die von uns beiden geteilte Kritik an der Patientenverfügung und zum anderen über das gemeinsame Bemühen um die Realisierung wohnortnaher Versorgungsformen für Menschen mit Demenz und Menschen mit Pflegebedarf.

Ich habe Klaus Dörner auf vielen Tagungen getroffen, auf denen wir beide referierten. Klaus Dörner ist einer unserer Einladungen zum Badischen Betreuungs- respektive Vormundschaftsgerichtstag nach Freiburg gefolgt und hat sich dort in der ihm eigenen historischen Betrachtung der Psychiatrie mit Fragen der Deinstitutionalisierung auseinandergesetzt.

Klaus Dörner war häufiger in Sachen Wohngemeinschaften in Freiburg unterwegs und wurde insbesondere von einer der Wohngruppen im Freiburger Modell kontaktiert: von der WOGE im neuen Stadtteil Vauban. Er hat die Initiative mit wichtigen Impulsen und Mut versorgt. Als Mutmacher und kluger Inspirator wirkt er bis heute.

Vier Dinge beeindrucken mich bei Klaus Dörner in besonderer Weise: Seine Belesenheit und die Zeit, die er sich für das Lesen immer wieder nimmt. Ich erinnere mich an ein gemeinsames Frühstück in Wien, bei dem er mir von seinen Leseauszeiten berichtete. Man hört diese jeweils aktuelle Verankerung im philosophischen, historischen und soziologischen Diskurs aus seinen Vorträgen heraus.

Ein zweiter bleibender Eindruck, den Klaus Dörner hinterlässt, ist seine bildhafte und produktiv polarisierende Sprache, die beim Zuhörer Denk-Grenzen öffnen und eine neue Sicht auf die Dinge provozieren kann. Aufgefangen wird diese Fähigkeit zur Polarisierung durch seinen menschenfreundlichen Grundtonus.

Einen dritten Eindruck hinterlässt Klaus Dörners nachhaltiges Unterwegssein: nicht nur seine Präsenz an abgelegenen Orten, an denen sich viel von dem vollzieht, was ihm am Herzen liegt. Auch die Art und Weise seines Unterwegsseins: Ich erinnere mich, wie Klaus Dörner mit dem Nachtzug aus Hamburg ankommend zu Fuß in einen Ortsteil von Freiburg wanderte, um dort noch vor dem Frühstück zu erscheinen. Das festigt das Bild von Klaus Dörner als Wandermeister.

Einen vierten Eindruck hinterlassen Klaus Dörners legendäre Postkarten: er entzieht sich der schnellen Internetkommunikation und hält den Kontakt über das alte Postkartenformat, geschrieben mit Schreibmaschine, vollgepackt mit Worten, ermutigenden, zustimmenden, kritischen, persönlichen. So schreibt Klaus Dörner Aktuelles wie aus einer anderen Zeit und einem anderen Umgang mit der Zeit.

Hilfemix praktisch

Während meines Studiums der Sozialarbeit stieß ich – wie so viele – auf das Standardwerk »Irren ist menschlich«. Persönlich erlebte ich Prof. Klaus Dörner dann Ende der 1990er-Jahre an der Uniklinik Freiburg bei seinem Vortrag zum Thema Wachkoma. Er berichtete über persönliche Erfahrungen mit seiner Enkeltochter. Herr Dörner schaffte es auf beeindruckende Weise, seine Erfahrungen in einen größeren Zusammenhang zu stellen und den »Hilfemix« zu skizzieren, der notwendig ist, um solche Aufgaben zu bewältigen.

Der weitere Kontakt zu Prof. Dörner entstand 2004. Wir hatten im Freiburger Stadtteil Vauban den Verein WOGE e.V. gegründet (siehe: www.wogevauban.de). Hier engagieren sich Menschen aus persönlicher Betroffenheit oder aufgrund ihres beruflichen Hintergrundes für den Abbau von Vorbehalten gegenüber Demenz. Sie setzen sich ein für quartiersbezogene Wohn- und Betreuungsformen in geteilter Verantwortung. Das Prinzip der »geteilten Verantwortung« ist allen Wohngruppen im »Freiburger Modell« gemeinsam. Eine höhere Lebensqualität in den Wohngruppen wird möglich, wenn die Verantwortung für Begleitung und Pflege durch berufliche Fachkräfte, Ehrenamtliche und Angehörige gemeinsam getragen wird. Prof. Dörner war für uns zwar nicht der Ideengeber für dieses Leitbild, aber er unterstützte es. 2006 und 2008 luden wir ihn zu Veranstaltungen ein, um Impulse für unseren Weg zu erhalten.

Ich stehe vor dem Bürgerhaus und warte auf das Taxi, um Prof. Dörner persönlich vor dem Vortrag zu begrüßen. Statt mit dem Taxi kommt er zu Fuß. Als ich ihn frage, warum er kein Taxi genommen habe, antwortet er, dass er sich Orte, die er nicht kennt, zu Fuß aneignen würde. Nach der langen Reise von Hamburg nach Freiburg wollten wir ihm einen Imbiss anbieten. Er lehnte ab, er esse niemals vor einem Vortrag, das mindere seine Konzentration. Und, wenn es sich einrichten lässt, fährt er auch gerne am Abend mit dem Nachtzug wieder nach Hause. Denn dort frühstücke er am liebsten mit seiner Frau.

In seinen beeindruckenden Vorträgen sprach er dann von Wertekonflikten, die es in unserer Gesellschaft gibt. Mit steigendem Wohlstand nähmen die Selbstbestimmung und die Wahlmöglichkeiten des Einzelnen zu. Das Helfen sei in den letzten Jahrzehnten parallel mehr und mehr professionalisiert worden. Entgegengesetzte Werte, wie das Engagement für Andere und das Verantwortungsgefühl für das Gemeinwohl, seine in den Hintergrund gedrängt worden. Der Staat komme immer mehr an die Grenzen der Finanzierbarkeit professioneller Hilfen. Dem Menschen gehe ein wichtiger Teil seines Lebenssinns verloren. Laut Dörner braucht es für die psychische Gesundheit das tägliche Erleben, Bedeutung für Andere zu haben.

Genau diesen Leitgedanken folgen wir: In der WOGE engagieren sich Angehörige oder von ihnen beauftragte Personen 20 Stunden im Monat. Dies ermöglicht die Identifikation mit der Wohngruppe und senkt die Betreuungskosten. Neben den Angehörigen sind in der WOGE auch Ehrenamtliche engagiert. Diese sind Gesprächspartner-/innen, begleiten beim Spaziergang, musizieren mit den Bewohnern, sind im Café WOGE aktiv oder mangeln die Wäsche. Das Engagement ist so vielfältig wie die Engagierten. Und auch die Bewohner/innen der WOGE beteiligen sich an der Gestaltung des Alltags. So wie sie es können und wünschen. Ziel ist, dass sie täglich Bedeutung für sich und Andere erfahren.

Die Wohngruppe der WOGE ist eingebettet in den lebendigen Stadtteil Vauban und Teil des Sonnenhofs, in dem Gewerbe und Wohnen, Eigentumswohnungen und sozialer Wohnungsbau, gemeinschaftliches generationsübergreifendes Wohnen sowie die Wohngruppe unter einem Dach vereint sind. Die WOGE hat vielfältige Kontakte in den Sozialraum des Stadtteils.

So sind die Leitgedanken, die Klaus Dörner immer wieder beharrlich formuliert und einfordert, in Freiburg sehr lebendige Praxis geworden. Wir danken ihm herzlich für all seine Anregungen und Ermutigungen.

„Wer daheim bleiben will, muss zu Hause ausziehen"

Unter diesem Motto wollte der Lebenshaus Sozialverein Tuningen e.V. ein »Betreutes Wohnen« mit einem besonderen Konzept ins Leben rufen: die Einwohner unseres 3.000-Seelen-Städtchens sollten nicht in ein Pflegeheim in eine benachbarte Stadt umziehen müssen, wenn sie hilfebedürftig würden, sondern in ihrer gewohnten Umgebung durch ihre Mitbürgerinnen und Mitbürger betreut, ja sogar gepflegt werden.

Doch von so einer Idee bis zur konkreten Umsetzung ist es mitunter ein weiter und dornenreicher Weg, auf dem manche Rückschläge und Verzögerungen die Belastbarkeit und die Motivation bürgerschaftlich Engagierter auf die Probe stellen. Da würde ein Motivationsschub richtig guttun.

Ein Mitinitiator und Gründungsmitglied des Vereins hatte auf dem Kirchentag in Berlin 2003 denjenigen persönlich sprechen können, den er bereits aus dem Studium kannte und der ihn fasziniert hatte: Herrn Professor Klaus Dörner.

In der Folge konnte er ihn sogar zu einem Besuch mit Vortrag in unserer Gemeinde Tuningen, gelegen zwischen dem Bodensee und Freiburg, gewinnen.

Gerade dieser Besuch am 21. Juni 2004 war der Motivationsschub schlechthin. Professor Dörner fand hier genau die richtigen Worte. Er nahm die anwesenden Politiker und die gewählten Gemeindevertreter in die Pflicht und stellte die sozialpolitischen Zusammenhänge klar und verständlich dar. Der ausgezeichnete Vortrag »Gedanken über alternative Wohnformen für ältere Menschen« mündete in seinem Appell, beharrlich an unserem Projekt weiterzuarbeiten. Er motivierte die Aktiven im Verein, nicht an den Hindernissen auf dem Weg zu verzagen, sondern vielmehr neue Ideen zu entwickeln. Herr Professor Dörner versprach beim anschließenden gemeinsamen Essen sogar, wiederzukommen, wenn das Projekt realisiert sei.

Dass er in unsere Gemeinde kam und unseren Verein mit seiner Anwesenheit beehrte, ist für uns bis heute etwas ganz Besonderes.

Im Jahre 2006 ist es tatsächlich gelungen, die Einrichtung zu planen – ganz anders, als wir uns das ursprünglich vorgestellt hatten, aber doch mit unserer Konzeption: Tuninger/innen betreuen Tuninger/innen (nebenamtlich, ehrenamtlich, d.h. als geringfügig Beschäftigte mit der Möglichkeit, ehrenamtlich tätig zu werden) – hoffentlich einmal mit der Option, dass Bewohner auch im Zustand fortgeschrittener Hilfebedürftigkeit nicht mehr umziehen müssen. Seit 2007 ist das Projekt realisiert, die neun Wohnungen sind bezogen.

Die Vernetzung ist dabei von großer Bedeutung: im Beirat des Vereins sind Vertreter der Kirchen, der Ärzteschaft, der Gemeinde und aus anderen Vereinen – die Bürger/innen sollen voneinander profitieren, ein jeder mit seiner Gabe.

Regelmäßige Aktivitäten sind: Monatliche »Bürgertreffs« (gemeinsame Nachmittage, Ausflüge, Vorträge), zweimal im Jahr gemeinsames Mittagessen; Kellerkino (für Erwachsene und Kinder); gemeinsames Feiern und Musizieren. Der Sozialverein unterhält ein »Bürgerbüro«, in dem sich Bewohner/innen, aber auch alle anderen Bürger/innen Tuningens Rat holen können. Die Nachbarschaftshilfe »Miteinander Füreinander« gibt Hilfestellungen (Begleitung, Rasenmähen, Schneeräumen ...); das Essen auf Rädern wird durch Vereinsmitglieder koordiniert. Alle Veranstaltungen sind für die gesamte Bürgerschaft von Tuningen offen.

Lieber Herr Professor Dörner,
die Vorstandschaft und die Mitglieder des Lebenshaus Sozialverein Tuningen e.V. gratulieren Ihnen von ganzem Herzen zu Ihrem 80. Geburtstag und wünschen Ihnen Gottes Segen. Möge Ihnen Ihre Schaffenskraft erhalten bleiben und Sie vielen weiteren Menschen Motivator und Mentor bleiben und werden, sich bürgerschaftlich zu engagieren. Sie werden Ihnen, wie wir, sehr dankbar sein.

Spuren von Klaus Dörner
im Landkreis Tuttlingen

Als »anständiger« Student habe natürlich auch ich während meines Studiums der Sozialpädagogik das Buch »Irren ist menschlich« gelesen und dadurch war mir Klaus Dörner durchaus ein Begriff. Die erste persönliche Begegnung fand aber erst im Sommer 2003 bei den sogenannten »Reichenauer Tagen« statt. Das Sozialministerium Baden-Württemberg lädt unter diesem Titel jedes Jahr zu einem Fachkräfte-Treffen ein und greift Aspekte des Bürgerschaftlichen Engagements auf.

Auf der herrlich im Bodensee gelegenen Insel sprach also Klaus Dörner zum Thema »Sorgebedürftige begründen Bürgergesellschaft« und beeindruckte das gesamte Auditorium und auch mich sehr nachhaltig. In seiner authentischen und radikalen Art gelang es ihm, direkt und ehrlich, liebgewordene Ressentiments und verkrustete Denkmuster aufzubrechen, ohne persönlich anzugreifen und zu verurteilen. Eine Kunst, die er wahrlich beherrscht.

Kurz darauf traf ich Klaus Dörner beim Kirchentag in Berlin, wo er mit anderen den Spielfilm »Elling« vorstellte. Im Anschluss an die Filmbesprechung kam es zu einem persönlichen Gespräch und der Abmachung, ihn zu einem Vortrag in den Landkreis Tuttlingen einzuladen.

Am 3. Februar 2004 war es dann endlich so weit und wir durften Klaus Dörner zu einem Vortrag im Landratsamt Tuttlingen begrüßen. Das Thema lautete: »Wohin in der Sozialpolitik? Zukunft Bürgergesellschaft«. Das Foyer im Landratsamt reichte räumlich gerade so aus, um die große Zahl der Zuhörer zu fassen.

Der Vortrag fand im Rahmen des landkreisweiten Aktionsjahres der Selbsthilfegruppen statt und wurde von uns auf DVD aufge-

153

zeichnet. Während des Verfassens dieser Zeilen habe ich mir den Vortrag nochmals angehört und festgestellt, dass die von ihm vorgetragenen Empfehlungen ihre Aktualität bis heute nicht verloren haben.

In kleinen Schritten versuchen wir, dieser Paradigmenverschiebung in Richtung Inklusion zu folgen. Es ist daher sicherlich auch ihm mit zu verdanken, dass wir zu Beginn dieses Jahres die gesamte Eingliederungshilfe aus dem Sozialamt heraus in das Amt für Familie, Kinder und Jugend zu einem inklusiven System umorganisiert haben. Das Stigma der Sozialhilfe für Menschen mit Behinderungen ist damit strukturell überwunden und im Mittelpunkt können Menschen mit ihren unterschiedlichen Bedarfen stehen.

Stellvertretend gratuliere ich Klaus Dörner von ganzem Herzen zu seinem 80. Geburtstag und wünsche ihm in dankbarer und freundschaftlicher Verbundenheit den Segen Gottes.

Der Gastredner

30. Juni 2011. Unser Verein feiert sein dreißigjähriges Bestehen. Mit einer Wohngemeinschaft für psychisch kranke Menschen fing es damals an, heute stellen wir eine breit gefächerte Angebotspalette im ambulanten Bereich.

17.50 Uhr. Die Spannung steigt. Da haben wir einen hochkarätigen Referenten und er ist noch nicht da. 18.00 Uhr wird Beginn sein. Zahlreiche Gäste, Psychiatrieerfahrene, Amtsträger von Stadt und Landkreis, Freunde, Bürgerhelfer, Abgeordnete von Kooperationspartnern und Politik sammeln sich schon mit Sekt und Schnittchen um die Stehtische. Die Mitarbeiter sorgen etwas hektisch für alles, was zu fehlen scheint, und für alle, die noch nicht ihren richtigen Platz gefunden haben. Der Referent war schon im Vorfeld eigenwillig. Nicht, dass wir das nicht gewusst hätten, schließlich war ihm nahezu jeder längerfristig in der Sozialpsychiatrie Tätige schon bei irgendeinem Vortrag oder einer Tagung begegnet. Trotzdem hatte es in der Organisationsphase schon manche Eigenheit gegeben. Er hatte sofort zugesagt, was wir nicht zu hoffen gewagt hätten. Allerdings wollte er weder einen Flug noch ein Bahnticket gebucht bekommen und auch nicht vom Bahnhof abgeholt werden. Ein Zimmer mit Raucherlaubnis in einem Hotel in der Nähe, das dürften wir wohl buchen. Die Korrespondenz verlief nur schriftlich. Seine Antworten kamen jeweils maschinengeschrieben auf Postkarten, echten Postkarten, ohne Fotos. Die Buchungsbestätigung mit einer Stadtkarte, Standorteinzeichnung und farbigen Markierungen gingen ihm zwei Wochen vor unserer Feier zu.

17.58 Uhr. Er ist immer noch nicht da. Mein Mitgeschäftsführer trippelt nervös vor der Bühne herum, ich hinten vor dem Ausgang. Meiner Nase folgend trete ich vors Haus und treffe einen Pfeife rauchenden älteren Herrn in Lederjacke am Fuß der Treppe an, der seine sehr benutzte Aktentasche (ich habe sofort den Verdacht, dass in dieser schon seine erste Doktorarbeit zur Abgabe transportiert worden war) in der einen Hand trägt und mit der anderen samt Pfeife winkt. »Hallo Frau Schneider«, mit verschmitztem Lächeln. »Hallo Herr Professor Dr. Dr. Dörner, wie schön, dass Sie da sind!« Er sieht mir meine Erleichterung wohl an. »Dörner genügt und, Frau Schneider, ich bin noch nie zu spät gekommen.« Spricht's, klopft seine Pfeife ab und betritt mit mir zusammen die Halle. Es ist 18.00 Uhr. Die Grußworte lässt er relativ ungerührt über sich ergehen und nichts deutet darauf hin, dass er sich für seinen großen Auftritt rüstet. Kurz nach 19.00 Uhr ist es so weit. Es ist mir selten passiert, dass ein Mensch seiner Körpergröße (eigentlich müsste ich eher Körperkleine sagen) es ohne Probleme vermag, mit seiner Präsenz eine Festhalle zu füllen. Über die Geschichte der Sozialpsychiatrie, Aufgebautes, Abgeschafftes, Wünschens- oder Verdammenswertes, Neues und Visionen, er referiert mit Enthusiasmus und Verve – gebannt hängt das Publikum an seinen Lippen. Eine Stunde, noch eine Viertelstunde und noch eine. Zerrissen zwischen Faszination beim Zuhören und Pflichtgefühl zur Einhaltung des Zeitplans werde ich langsam nervös, suche Blickkontakt mit unserem Vorstandsvorsitzenden, der aber nicht herschaut. Aber doch nur dieser kann auf die Bühne und Herrn Dörner unterbrechen. Eine weitere Viertelstunde später kann ich endlich den Blick einfangen und mit wilden Augenbewegungen unauffällig Richtung Bühne deuten. Unser Vorsitzender versteht sofort, auch ihm brennt es unter den Nägeln. Herr Dörner versteht ebenso sofort, als er über den seitlichen Bühnenaufgang angepirscht wird. »Sie wissen, meine Damen und Herren, ich könnte noch stundenlang reden, machen Sie einfach, was ich Ihnen empfehle, und damit empfehle ich mich.«

Nachbarschaft als Ort von Lebendigkeit

»Ein gelingendes Leben bedarf auch der Last« – so betitelte DIE ZEIT vom 6. März 2003 ein Interview mit Klaus Dörner. Es hat mein Herz und meinen Verstand bewegt, denn es berührte einen Bereich der Grundausrichtung meines Lebens: Die umfassende und gelingende Gemeinschaft aller Bewohner eines überschaubaren Wohngebietes.

Bei Kirchentagen und auf einer Tagung im März 2010 bin ich Prof. Dörner im Fokolar-Zentrum Solingen persönlich begegnet. Die von ihm beschriebenen Beispiele der Diakonie und seine soziologischen und politischen Reflexionen haben meine Augen immer weiter geöffnet und mich zum Handeln geführt.

Seit 1965 lebe ich in verschiedenen Ländern und Städten im Fokolar (www.fokolar-bewegung.de), davon in drei Etappen insgesamt 21 Jahre im Ökumenischen Lebenszentrum Ottmaring bei Augsburg. In den 45 Jahren seit der Gründung des Zentrums sind viele der 120 Bewohner in die Jahre gekommen und wir befinden uns deshalb in einer »demografischen Strukturkrise«, die eine neue Bewegung der Solidarität ausgelöst hat. Der Ansatz von Herrn Dörner bietet uns da eine fast prophetische Perspektive.

Für die *Ökumene des Lebens* in unserem Zentrum ist die *Fußwaschung Jesu im Abendmahlssaal* das Leitmotiv. Jetzt gewinnt dieses Bild an zusätzlicher Farbe und weitet sich hin zur Möglichkeit der »*Körperwaschung*« – unter Einbeziehung der ambulanten lokalen Pflegedienste – für jeden Pflegebedürftigen, wenn er es wünscht, in seinem Wohngebiet.

Mein 70. Geburtstag war eine willkommene Gelegenheit, den Ansatz Dörners einem größeren Kreis in meiner Umgebung näher zu bringen. Ich habe meine Familie und Freunde und Personen aus dem öffentlichen Bereich zu einem »Feierseminar« zum Thema *Nachbarschaft als Ort von Lebendigkeit – Leben und Sterben, wo ich hingehöre* eingeladen.

Als ich Klaus Dörner am Augsburger Bahnhof abholen wollte, wartete ich vergeblich an den Wagen der ersten Klasse. Mir wurde bange. Was sollte werden, wenn er nicht gekommen war?

Ich lief am Zug entlang und fand ich ihn am anderen Ende. Ganz trocken sagte er: »Erste Klasse bin ich noch nie gefahren.«

Die 130 Gäste waren dann betroffen vom Vortrag und motiviert, umzudenken und auch selbst aktiv zu werden. In unserem Ortsteil, im Dorf Ottmaring, hat sich so Anfang 2011 ein vierköpfiges Team gebildet, das sich den Namen »Sorgende Nachbarschaft« gegeben hat. Auf unseren fast wöchentlichen Treffen werden konkrete Notsituationen besprochen und im Rahmen unserer Möglichkeiten Hilfe organisiert: z.B. Vermittlung von Helfern und Pflegepersonen, bessere Unterbringung, Beratung bei der Erstellung von Vollmachten und Unterstützung von Asyl-Bewerbern.

Im Blick auf die Vision eines »heimfreien Dorfes« gehen wir in kleinen Schritten weiter: Wir versuchen Vereinsvorstände »mit ins Boot« zu bekommen und lassen uns zu Vereinsversammlungen einladen, um dort zu sprechen und die Anliegen zu hören. Auch in lokalen Publikationen ergreifen wir jede Möglichkeit, um unser Thema weiterzutragen. Dabei sind die Bücher von Klaus Dörner unser Leitfaden. Sie liefern viele Informationen und ermutigende Beispiele, die Hoffnung machen auf einen Wandel in der Gesellschaft. Ich selber konnte mir in Gütersloh, Bielefeld und Augsburg gelungene Beispiele von Betreutem Wohnen und Pflegewohngemeinschaften ansehen.

Ende 2012 bin ich mit den Bürgermeistern der Nachbardörfer Eurasburg und Dasing nach Eichstetten gefahren (s. auch den Beitrag von Bürgermeister Kiechle, Seite 145). Beide sind mit konkreten Projekten für ihren Ort befasst und am Ansatz Dörners sehr interessiert. Sie wollten ein konkretes Beispiel erleben. Was wir dort zu sehen und zu hören bekamen, war für uns *eine mit Händen zu greifende, Gestalt gewordene, funktionierende und finanzierbare Vision als lebendige Realität.*

Die Begegnungen mit Herrn Dörner haben mich weitergeführt auf meinem Weg in eine Beheimatung im Spannungsfeld von Leben und Sterben.

Herr Dörner trägt seinen Koffer selbst

22. Juni 2004, ganz am südlichen Ende der Republik, an der Grenze zur Schweiz, der Bahnhof von Konstanz. Klaus Dörner ist eingeladen, am Abend über sein aktuelles Buch »Die Gesundheitsfalle« zu sprechen. Es ist eine lange Fahrt von Hamburg in die schöne Stadt am Bodensee. Klaus Dörner steigt aus dem Zug, hellwach, lässige Lederjacke, Koffer in der rechten Hand. Wir laufen durch die mittelalterliche Stadt zum Veranstaltungsort. Ich biete dem damals 70-Jährigen an, seinen Koffer zu tragen, und erhalte eine Lektion: Er lasse sich das Koffertragen nicht abnehmen. Ebenso sei er ein überzeugter Gegner dieser modernen Koffertypen mit Laufrollen, die heute überall durch die Bahnhofshallen rattern. Er verweigere sich der schnellen Verführung zur Bequemlichkeit und mute sich die Belastungen und Widrigkeiten des Alltags immer wieder bewusst zu. Es fällt mir, so ganz ohne Last, nicht leicht, das zu akzeptieren.

Die Episode ist für mich keine Randnotiz, sie hat mir von einer ganz praktischen Seite den Blick auf die Arbeiten von Klaus Dörner ergänzt. Zumutungen annehmen, sich selbst Anderen zumuten – auch im Alter, auch in der Krankheit –, Anderen etwas zutrauen: »zumuten«, das sind Überlegungen, die in Verbindung mit der Einsicht in die Ressource »Bedeutung für Andere haben« zu den Schlüsselbegriffen für mein Verständnis der Intention von Klaus Dörner geworden sind. Es ist eine Episode, die mir auch ganz persönlichkonkret die kurativen Reflexe, die das Leben meiner jetzt 86-jährigen Mutter mit bester Absicht begrenzen wollen, zu hinterfragen hilft.

Die Bücher und Vorträge von Klaus Dörner machen Mut und muten zu. Wenn er die Reform der Psychiatrie mit anschiebt, die Hybris der Helfenden, der »Profis«, kritisiert, das Konzept der Patientenverfügung hinterfragt , die »Gesundheitsfalle« analysiert, erweist er sich als der anregende Querdenker, der die Interessenlagen hinter den widerständigen Strukturen genau kennt, der die Denkfaulheit derjenigen herausfordert, die sich im Status quo bequem einrichten, und diejenigen ermutigt, die die kleinen und großen Schritte zur Veränderung wagen wollen. Unermüdlich reist er durch das Land und regt an, inspiriert, unterstützt, fordert heraus, provoziert, trägt weiter. In welcher Gesellschaft wollen wir in Zukunft leben? Wie wollen wir leben? Was bedeutet das für unsere Verantwortung gegenüber dem fremden Anderen? Für uns selbst? Es gibt wenige, von denen man sagen kann, dass sie als Einzelne unser Denken und unsere Gesellschaft ein Stück weit verändert haben. Auf Klaus Dörner trifft das zu. Und das zugleich im Großen und bei ganz vielen kleinen Gelegenheiten.

Als Direktor einer Volkshochschule ist man privilegiert: Man kann die Menschen einladen, die einen besonders interessieren. Es ist mir eine große Freude, dass Klaus Dörner die Einladung zu einem Vortrag immer wieder angenommen hat. Er hat gewusst, dass wir uns manches Mal schwer damit tun, ein großes Publikum für seine wichtigen Themen zusammenzubekommen. Für ihn war das nie ein Problem: Diejenigen, die da waren, waren richtig. Ich wünsche mir öfter, dass ich mehr Menschen in unsere Vortragssäle zaubern könnte. Weil ich etwas anmaßend annehme, dass die Zuhörer bereichert nach Hause gehen würden. Zu den Vorträgen von Klaus Dörner hätte ich das Publikum am liebsten genötigt.

Ich hoffe sehr, dass Klaus Dörner noch lange seinen Koffer durch die Republik tragen kann.

»Da Dörner kummt«

Es war im Jänner 2011, als Geschäftsführer/innen von Wiener Behindertenorganisationen überlegten, eine Veranstaltung »25 Jahre gemeinwesenorientiertes Wohnen für Menschen mit Behinderung in Wien« zu gestalten. Interessant sollte sie sein, Herausforderungen aufzeigen, Betroffene einbinden und ein Experte seine Sicht darstellen. Aber wer? Die Vorschläge wurden mit »zu theoretisch«, »zu unbekannt«, »zu wissenschaftlich und zu langweilig« vom Tisch gewischt. Als ich Klaus Dörner einbrachte, erntete ich ein »zu alt«. Nachdenklich folgten: »Oba der is praxisorientiert.« »Oba der is ned fad und bekannt is er ah.« Schließlich bekam ich den Auftrag anzufragen, ob er komme. Auf meine fein computergetippte Anfrage erhielt ich keine zehn Tage danach eine wunderbare persönliche Nachricht. Getippt mit Schreibmaschine auf einer Postkarte.

Sehr geehrter Herr Schmalhofer,
herzlichen Dank für Ihre liebenswürdige Einladung. Zumal dies eine große Ehre für mich ist, werde ich am 1.12.2011 gern zu ihren Diensten sein. Irgendwann bräuchte ich auch noch die Uhrzeiten wegen der Reiselogistik.

Einstweilen mit besten Grüßen

Mehrere Post- und Ansichtskarten aus Hamburg folgten auf Briefe aus Wien. Von seiner Reiselogistik, mit dem Nachtzug anzureisen und am Abend retour, war er nicht abzubringen. Die Information von Dörners Teilnahme rief in Wien geteilte Meinungen hervor. Aber keinem war es egal. Denn gekommen sind sowohl die Skeptiker als auch die positiv Gespannten.

Der 1. Dezember 2011 war ein ungemütlicher, kalter Tag. Was Prof. Dörner keineswegs abhielt, sieben Kilometer vom Bahnhof fußläufig zu bestreiten. Bemerkenswert, aber bei ihm nicht überraschend. Umso überraschter war ich, als aus seinem Mund ein angestrengtes Krächzen kam. Sollte wohl so etwas wie »Habe mich verkühlt, keine Stimme« heißen. Mein Gefühlszustand schwankte zwischen Erleichterung über sein Kommen und Verzweiflung ob seiner Stimme. Unzählige Kaffees und Tees später war seine Stimme noch immer schwer beleidigt. Wer jetzt glaubt, Dörner würde ungehört abreisen, liegt ordentlich falsch. Angeschlagen, räuspernd und krächzend betrat er das Podium und bat kaum hörbar um Nachsicht, sollte er nicht durchhalten. Lobend begann er die Behindertenpolitik in Wien zu beschreiben. Danach folgten sehr unaufgeregt eine Standortbestimmung und der Blick in die Zukunft: »*Jede lebendige Entwicklung besteht aus Krisen*«, »*Sozialraum-Weiterentwicklung Ihrer Integrationskultur, so scheint mir, steht jetzt auch für Wien an*«. Von der historischen Perspektive über den »dritten Sozialraum«, der Umprofessionalisierung bis zu den Finanzierungsoptionen spannte er den Bogen. Sein Fazit: »*Wenn Sie diesen Weg gehen oder einen ähnlichen, mir unbekannten Weg finden, haben Sie gute Chancen, das ganze Wien zu einer ›heimfreien Zone‹ zu machen.*« Dieser Vortrag dauerte nicht – wie vereinbart – eine halbe, sondern eineinhalb Stunden. Und niemanden der 160 Personen wurde es langweilig. Was auch die Diskussion, in der sich lautstark Betroffene meldeten, eindrucksvoll widerspiegelte. Man hatte den Eindruck, dass der Vortrag über ein Herzensthema seine Stimme kräftigte statt schwächte und der Austausch mit dem Publikum eine Spontanheilung auslöste. Auch am Buffet stellte sich Prof. Dörner jeglichen Fragen, wurde von Person zu Person gereicht, um schließlich seiner Reiselogistik folgend noch am Abend nach Hamburg zu fahren. Danach wurde über Dörner gesprochen. Über die Sozialraumorientierung, die Einbeziehung Betroffener, seine Glaubwürdigkeit, seine Überzeugungskraft und Authentizität. Und es wurde gerätselt, über sein Alter und seine jugendlichen Themen. Von jenen, deren Erwartungen erfüllt wurden, und den Skeptikern.

Impulsgeber und Wegbegleiter

Meine ersten Kontakte zu Klaus Dörner hatte ich Ende der 1970er-Jahre. Ich traf ihn bei Veranstaltungen des Mannheimer Kreises, der 1975 gegründet wurde und durch dessen Aktivitäten die Sozialpsychiatrie in Deutschland gefördert wurde. Als junger Sozialarbeiter und Mitarbeiter in der Psychiatrie war ich offen für dieses spannende Thema und wollte mehr darüber erfahren.

Unser erstes persönliches Gespräch führten wir 1980 bei einer Veranstaltung im psychiatrischen Landeskrankenhaus Weißenau in Ravensburg. Damals baute ich als Geschäftsführer einen Verein zur außerklinischen psychiatrischen Versorgung auf. Heute ist der Verein unter dem Namen »Arkade« etabliert. Unser intensives Gespräch drehte sich um die Frage, wie psychisch kranke Menschen mit ihren Fähigkeiten in einem normalen Umfeld wohnen können. Wir waren beide davon überzeugt, dass dies nicht nur ein Schritt gegen Ausgrenzung sein, sondern dass ein normales Wohnen auch therapeutische Effekte mit sich bringen würde. Von dem Zeitpunkt an lud mich Klaus Dörner zu seinen Gütersloher Fortbildungswochen ein. Ein von mir geleiteter Workshop hatte das Thema der Versorgung von psychisch Kranken in der Gemeinde.

In den Jahren seit unserer ersten Begegnung habe ich viel von ihm über die wechsel- und oft leidvolle Geschichte der Psychiatrie gelernt. Mein Eindruck war auch, dass der von ihm initiierte Austausch und die konsequente Forderung, dass psychisch Kranke in möglichst normaler Umgebung leben sollten, dazu führten, das Bewusstsein der Fachwelt und der Öffentlichkeit für das Thema zu sensibilisieren.

Vor zwanzig Jahren wechselte ich von der Psychiatrie in die Altenhilfe der Stiftung Liebenau. Klaus Dörner schied altersbedingt als Leiter des Landeskrankenhauses Gütersloh aus. Doch wir pflegten weiterhin einen intensiven Kontakt. Unter anderem saßen wir gemeinsam in einem Preisgericht zum Thema Quartiersarbeit in der Altenhilfe, das von der »Bertelsmann Stiftung« und dem »Kuratorium Deutsche Altershilfe« veranstaltet wurde. Das Thema der Quartiersarbeit war für uns beide gleichermaßen spannend. In meinem neuen Tätigkeitsfeld Altenhilfe hat mir Klaus Dörner abermals viele Anregungen und Impulse mitgegeben. Wir waren uns immer einig: Irgendwann sollte es Normalität sein sollte, dass alte Menschen genau dort leben, wo sie bisher auch gelebt haben und zu Hause waren.

1994 gingen die ersten »Lebensräume für Jung und Alt« der Stiftung Liebenau in Betrieb, an deren Entwicklung ich intensiv mitgearbeitet hatte. Im Zentrum dieses generationenübergreifenden Konzepts steht die Selbst- und Nachbarschaftshilfe, die von einer Fachkraft moderiert wird. Das Konzept hat Klaus Dörner in seinem Buch »Leben und sterben, wo ich hingehöre« als alternative Wohnform beschrieben, die der institutionellen Altenpflege künftig durchaus etwas entgegenzusetzen hat. In dem Konzept finden sich selbstredend Impulse von ihm.

Klaus Dörner war einige Male in der Stiftung Liebenau und in Ravensburg zu Gast. Durch seine Vorträge und seinen Einsatz hat er hier in der Region die Diskussion um ein »Selbstbestimmtes Wohnen im Alter« befördert.

Sein konsequenter Einsatz dafür, dass alle Menschen – Menschen mit Behinderung, mit einer psychischen Erkrankung, aber auch pflegebedürftige alte Menschen – ein Recht darauf haben, in ihrer normalen Umgebung zu bleiben, hat mich an Klaus Dörner am meisten beeindruckt. Seine Positionen bestärkten mich immer in meiner eigenen Arbeit.

Jacqueline Minder, Winterthur (Schweiz)
Integrierte Psychiatrie Winterthur - Zürcher Unterland

Je näher dran,
umso mehr Hilfsbereitschaft

Verzweifelt habe ich Herrn Dörners Homepage im Internet gesucht und nichts gefunden.

Über das gute alte Telefonbuch stieß ich dann endlich auf seine Adresse. Auf meine Postkarte hin, ob er »der Richtige« sei, der Klaus Dörner, der »Irren ist menschlich« geschrieben habe, antwortete er mit einer schreibmaschine-beschriebenen Postkarte: Ja, er sei der, den ich suche.

Ab dann habe ich »Dörnersche Postkarten« gesammelt.

Später hat er mir verraten, wie genau durchdacht diese Postkarten-Texte sind und wie lange er gebraucht hat, bis er diese Form gefunden habe: Der Text muss kurz sein – eben auf eine Postkarte passen –, die notwendige Information transportieren und eine persönliche Freundlichkeit transportieren.

Und es stimmt: alle mir vorliegenden Postkarten erfüllen diese Kriterien.

Mein Ziel für die Veranstaltung »Die Vielfalt des Alterns« im März 2013, zu der ich Herrn Dörner eingeladen hatte, war, mit seinen zum Teil recht provokanten Thesen eine kreative Diskussion über die Versorgung von psychisch kranken älteren Menschen anzuregen. Das ist sicher gelungen ist. Was daraus wird, wird die Zukunft zeigen.

Aktuell diskutieren wir über Finanzierungsmöglichkeiten. Auch hierzu gab er Anregungen. Eine Kernaussage: »Je näher dran, umso mehr Hilfsbereitschaft in der Bevölkerung«, regt Ideen für Stadtteilveranstaltungen an, über die man Projekte für die Betreuung von Menschen mit Demenz zu Hause auf die Beine stellen könnte.

Der Gedanke, dass langsam arbeitende Menschen in einer Welt der permanenten Leistungssteigerung gerade im sozialen Dienst-

165

leistungssektor einen Marktvorteil haben, hat mich recht beeindruckt. Wer weiß, was sich aus diesen Kernaussagen in Zukunft alles so machen lässt.

Natürlich hat er das Publikum auf unserer Fachtagung mit seinen alte Strukturen aufbrechenden Ideen und seiner unverändert revolutionären Energie beeindruckt.

Besonders haften bleiben wird mir aber die persönliche Begegnung mit ihm: »Wann darf ich Sie am Bahnhof abholen?« – Antwort: »Muss das sein? Muss man sich bei Ihnen abholen lassen? Ich laufe viel lieber.«

Ich habe noch selten so über eine Abfuhr gelacht.

Martin Hebenstreit, Bregenz (Österreich)
connexia - Gesellschaft für Gesundheit und Pflege

Menschen in Beziehung

Im Jahr 2012 kam Klaus Dörner im Rahmen der »Reihe: Außenperspektiven« nach Vorarlberg. Schon die Anbahnung dieser Einladung war so herzerfrischend unkonventionell, dass sich eine Beschreibung lohnt: Klaus Dörner erlebten wir auch im Alltäglichen als einen echten Freigeist, alleine deshalb, weil er weder E-Mail benutzt noch ein Mobiltelefon. Er schreibt auf einer alten Kugelkopfschreibmaschine aus dem Jahre Schnee herrliche Notizen auf – und das ist kein Scherz – die Rückseite alter Kalenderblätter. Diese nehmen den Postweg. Ressourcen schonend hoch 10 und beeindruckend eigensinnig. Schon die schriftliche Begegnung ist eine Einladung, unser modernes, lückenloses Kommunikationsnetz zu hinterfragen, denn Klaus Dörner beweist es: auch mit der Verweigerung moderner Hilfsmittel kommt er pünktlich und voller Präsenz zum vereinbarten Bahnhof.

Diese Präsenz ist es dann auch, die den freien Denkraum mit ihm für uns so wertvoll macht. Der Mann war immer schon ein Querdenker und jemand, der umsetzt, was er sich ausdenkt. Aus Erfahrung weiß er: jeder Mensch will arbeiten, so lange er lebt. Entscheidend dabei sind die Dauer der Arbeit und die Selbstbestimmung. Dahinter steckt eine bewundernswerte Haltung, die Klaus Dörner personifiziert: Er steht für die konsequente Wertschätzung und Selbstermächtigung jedes Menschen. Er fordert echte Nachbarschaft, wo es heute Bürgerinnen und Bürger gibt, die gerne delegieren. Dass er dabei weder Mühen noch Hindernisse scheut, das kann man alles in seinen Büchern nachlesen – er weiß, wie man Projekte im großen Stil umsetzt und Menschen sanft aber bestimmt zum Umdenken bringt. Sein liebevoller, wertschätzender Blick auf Menschen mit Einschränkungen wurde für uns so wesentlich: Er hinterlässt einen kraftvollen, lebensbejahenden Impuls, während er selbst längst im Raucherzimmer sitzt und seinem Laster frönt.

167

Schließlich bleibt nur zu sagen: Gut, dass es Menschen wie ihn gibt – sie sind eine erfrischende Erinnerung an das, was uns ausmacht, nämlich Menschen in Beziehung.

connexia erbringt im Auftrag des Landes Vorarlberg vielfältige Dienst- und Serviceleistungen mit dem Ziel, die Qualität der Betreuung und Pflege in Vorarlberg weiterzuentwickeln und zu sichern. Dabei liegen unsere Schwerpunkte in der ambulanten Betreuung und Pflege, in der stationären Langzeitpflege und in der Beratung von Eltern mit Säuglingen und Kleinkindern bis vier Jahre. Ein- bis zweimal im Jahr laden wir unsere Mitarbeitenden und unsere Systempartner zur »Reihe: Außenperspektiven« ein. Mit dieser Veranstaltungsreihe bietet connexia einen Raum an, der zu einem Perspektivenwechsel einlädt und somit immer wieder an- und aufregende Einblicke in den Alltag ermöglicht.

So betreten wir einen »freien Denkraum« – eine bewährte Möglichkeit, um außerhalb des Tagesgeschäftes einen erweiterten Blick auf gesellschaftliche Entwicklungen zu werfen.

Daniela Lutz-Beck, Bern (Schweiz)
Stadtparlamentarierin

Zeit verschenken

Wir Berner gelten als die langsamsten Schweizer. Und tatsächlich hat eine Studie festgestellt, dass wir statistisch langsamer laufen und sprechen als der Durchschnitt der Weltbevölkerung. Aber das soll nicht heißen, dass wir Berner uns nicht vorwärts bewegen.

Prof. Dörners Besuch in Bern im März 2011 hat bei mir persönlich zum Nachdenken über Zeit und Zeitwahrnehmung geführt. Die im Rückblick wenigen gemeinsamen Stunden waren von einer solchen Intensität für mich, dass in den folgenden Tagen, Monaten und Jahren die Erinnerung durch viele Gedankenimpulse bereichert wurde. Anfangs war es nur der Gedanke, dass das Zusammenleben in einem Mehrgenerationenhaushalt mitgeprägt wird durch eine unterschiedliche Wahrnehmung der Zeit.

Während bei mir der Tag zumeist durchstrukturiert ist und ich oft schon, während ich das eine tue, das Folgende im Auge habe, so können sich die Kinder in eine Tätigkeit vertiefen und die Zeit vergessen, und meine betagte demente Mutter beobachtet uns dabei und fühlt sich als Teil der Gemeinschaft. Ihre Bedürfnisse verlangen von uns, zur Ruhe zu kommen und Geduld zu haben.

Säuglinge, kleine Kinder und sehr alte Menschen haben Zeit und diese verschenken sie im Überfluss, wenn wir, die wir oft keine oder nur wenig Zeit haben, uns diese schenken lassen. Nur wer sich auf kleine Kinder und sehr alte Menschen einlässt, wird von ihnen beschenkt. Beschenkt mit Ruhe und dem Sinn für »Unwichtiges«. Zeit gibt uns die Möglichkeit, in die Tiefe zu blicken, nach dem Sinn des Lebens zu forschen, Fragen nach dem Warum zu stellen oder einfach zu sein.

Ich habe durch die Ausführungen von Prof. Dörner verstanden, dass in den Alters- und Pflegeheimen die Zeit stehen bleibt, für diejenigen, die darin leben müssen, und auch für diejenigen, die dort arbeiten. Wem können diese Menschen ihre Zeit noch verschenken, wer, der im Heim ist, braucht davon noch mehr – und so bleibt die Zeit stehen.

Kleine Kinder brauchen viel Zeit. Aber was machen wir, wenn wir sie großziehen? Wir nehmen ihnen die Zeit. Sie müssen sich entwickeln, Lesen, Schreiben und Rechnen lernen und sie haben Vorgaben, wann sie welchen Entwicklungsschritt erreicht haben müssen. Und schnell sind sie erwachsen und niemand mehr ist da, der Zeit zu verschenken hat, alle haben es eilig, alle wollen Erfolg, alle brauchen Anerkennung. Und an denen, die Zeit zu verschenken haben, laufen wir achtlos vorbei, oder wir haben gar Angst, dass sie uns unsere Zeit stehlen.

Die Begegnungen mit alten Menschen – auch mit meinen inzwischen hochbetagten Angehörigen – haben mir Lebenszeit geschenkt, gerade weil mein Leben oft sehr schnell verläuft. Fast täglich in meiner Arbeit werde ich von alten oder alternden Menschen nach dem Sinn des Lebens gefragt. Nie durfte ich mich selber so intensiv mit der Frage nach dem Sinn des Lebens – auf eine durchaus pragmatische Art – auseinandersetzen. Es ist für mich nicht mehr wichtig, die Antwort nach dem Sinn des Lebens zu kennen, sondern es ist mir wichtig, sie mit vielen verschiedenen Menschen, die sich die Zeit dafür nehmen, besprechen zu dürfen.

Prof. Dörner hat mir mit der Zeit, die er mit mir und uns in Bern verbrachte, ein großes Geschenk gemacht und dabei ist das Geschenk mit den Jahren immer größer geworden, dass ich inzwischen so viel davon habe, um es hoffentlich weiterschenken zu dürfen.

Die Gratulantinnen und Gratulanten:

Udo Baer, Dr. phil., Jg. 1949, Dipl. Pädagoge, Kreativer Leibtherapeut, Heilpraktiker für Psychotherapie, Mitbegründer, Geschäftsführer und Gesamt-Ausbildungsleiter der Zukunftswerkstatt therapie kreativ, Vorsitzender der Stiftung Würde, wissenschaftlicher Leiter des Instituts für Gerontopsychiatrie (IGP) und des Kompetenzzentrums für Kinder und Jugendliche (KKJ), Autor.

Lilli Beckers, Jg. 1967, seit 2008 verantwortlich für die Programmgestaltung der Diesterweg-Simon-Vortragsreihe der Polytechnischen Gesellschaft in Frankfurt am Main (www.polytechnische.de), vorher Redakteurin und PR-Referentin bei RTL und ZDF

Gitta Bernshausen, Jg. 1958, Dipl. Sozialarbeiterin (FH), seit 1986 im Sozialwerk St. Georg tätig, beginnend zunächst im Sozialdienst einer Einrichtung, weitere Zwischenstationen: 1986 Einrichtungsleitung, 1997 stellvertretende Regionalleiterin / Prokuristin, 2002 Geschäftsführerin, 2008 Bevollmächtigte des Gesamtunternehmens, seit Januar 2012 Mitglied des Vorstandes, Verantwortungsbereich: human ressources, Qualität, Forschung und Sozialpolitik

Beate Bikowski, Jg. 1956, aufgewachsen in Reilingen, Ausbildung zur Industriekauffrau in Mannheim, lange ehrenamtliche Tätigkeit in der Kinder- und Jugendarbeit, Mitbegründerin und Vorstandsarbeit des Christlichen Vereins für junge Menschen in Reilingen. 2001 Ausbildung zur Altenpflegerin, Weiterbildung zur Hospizfachkraft mit palliativ Care Ausbildung, seit 2004 Hospizleitung im ambulanten Hospizdienst der Kirchlichen Sozialstation Hockenheim und stellvertretende Leitung einer Wohngemeinschaft für Menschen mit Demenz.

Sonja Birkenmayer, Jg. 1967, Studium der Sozialarbeit in Freiburg (1988-93), Sozialdienst im Zentrum für Psychiatrie Emmendingen (1993-98), Mitarbeit bei Mosaik e.V., Berlin, Betreutes Wohnen für Menschen mit Behinderung (1998-99), Familienpause und Studium der Erziehungswissenschaften in Koblenz (1999-2009), Koordinatorin im Ambulanten Hospiz- und Palliativberatungsdienst Ludwigshafen (2009-2012), Referentin für Hospizhilfe im Caritasverband Speyer (seit April 2012)

Gernot Böhme, Studium Mathematik, Physik und Philosophie. 1969-1977 wiss. Mitarbeiter am Max-Planck-Institut zur Erforschung der Lebensbedingungen der wissenschaftlich-technischen Welt (C. F. v. Weizsäcker, J. Habermas), 1978-2002 Professor für Philosophie an der TU Darmstadt. Seit 2005 Direktor des Instituts für Praxis der Philosophie e.V. (www.ipph-darmstadt.de), 1. Vorsitzender der Darmstädter Goethe-Gesellschaft, diverse Buchveröffentlichungen zu Anthropologie und Ethik.

Theresia Brechmann, Jg. 1954, Sozialarbeiterin, Altenpflegerin und Wohnprojektberaterin. Lebte von 1981 bis 2011 in der Wohngemeinschaft »Alt und Jung«, jetzt im neuen Wohnprojekt an der Ostsee.

Thomas Brendel, Jg.1950, Affektkontrolltrainer, AWO Psychiatriezentrum Königslutter, Klinik für Psychotherapie und Psychosomatik PSM 9/11

Eckhard Britsch, Dr. med., Jg. 1963, verheiratet, 5 Kinder. Medizinstudium in München, 1996 Facharzt Innere Medizin, 1997 Chefarzt Geriatrische Rehaklinik am Klosterwald Villingen-Schwenningen, 2010 niedergelassen als Hausarzt in VS-Schwenningen »Innere Medizin und Geriatrie«, 1998 Sprecher des Arbeitskreises »Wohnen und Pflege in Tuningen«, 1999 Gründungsmitglied »Lebenshaus Sozialverein Tuningen e.V.« – seither 1. Vorsitzender.

Heiner Dehner, Jg. 1954, Diplompsychologe, u.a. in Teilzeit Psychiatriekoordinator der Stadt Nürnberg und PSAG-Geschäftsführer. Nebenbei Aufbau des Krisendienstes Mittelfranken (www.krisendienst-mittelfranken.de) als ehrenamtlicher Geschäftsführer und Mitinitiator einer ambulanten betreuten Wohngemeinschaft für demenzkranke Menschen (Obersteinbach in Mittelfranken), die Klaus Dörner schon unterstützt hat. Aktuelle Themen: das seit langem überfällige bayerische PsychKG anschieben und Genossenschaften als Finanzierungsweg in der Altenhilfe etablieren (www.genossenschaft-demenz-wg.de).

Jörg Dreyer, Jg. 1952, Studium der Humanmedizin von 1976-1982 in Hannover. Seit 1988 in Groß Oesingen als Allgemein- und Palliativmediziner tätig. Aktive Arbeit im Palliativnetz und Hospizverein Gifhorn. Die Errichtung eines stationären Hospizes in Gifhorn ist unter seiner Regie in Planung.

Ralf Evers, Prof. Dr., Jg. 1965, Studium der evangelischen Theologie, Sozialpädagogik, Gerontologie und Diakoniewissenschaften in Bethel, Heidelberg, Marburg und Mainz, vor und nach dem Vikariat freiberufliche Tätigkeit in den Bereichen Hochschulfragen, Projektmanagement, Gemeindeberatung, Erwachsenenbildung und Diakonie, Promotion in evangelischer Theologie, seit 1999 Professor für Praktische Theologie an der Evangelischen Hochschule Dresden, seit 2004 Rektor, 2007-2009 und 2011-2012 Präsident der Rektorenkonferenz Kirchlicher Fachhochschulen in Deutschland

Günter Feuerstein, PD Dr. phil., Studium der Soziologie an der Technischen Universität Berlin, Habilitation an der Fakultät für Gesundheitswissenschaften der Universität Bielefeld.
Stationen in Lehre und Forschung: Fachbereich Gesellschafts- und Planungswissenschaften der Technischen Universität Berlin (1978-1983); Dozent an der Universität Hannover (1984 und 1988); Institut für Zukunftsstudien und Technologiebewertung (IZT Berlin, 1985-1988); Forschungsgruppe Große Technische Systeme am Wissenschaftszentrum Berlin für Sozialforschung (1989-1990); Fakultät für Soziologie und Fakultät für Gesundheits-

wissenschaften der Universität Bielefeld (1991-1997). Seit 1997 Wissenschaftler am Forschungsschwerpunkt Biotechnik, Gesellschaft und Umwelt der Universität Hamburg Arbeitsschwerpunkte: Medizin- und Techniksoziologie; Gesundheitssystemanalyse; Innovations- und Diffusionsforschung; Technikfolgenforschung, Soziologie der biomedizinischen Ethik.

Anne Fischer-Buck, geb. 1920 in Oldenburg. Ausbildung zur Sozialpädagogin in einer regimekritischen Nische in der Tradition von Anna von Gierke. Nach jahrelanger Praxis das Studium der Psychologie, Erziehungswissenschaften und ev. Theologie mit Hilfe der Deutschen Studienstiftung. Dissertation bei Theodor Litt. 1956 Heirat von Franz Fischer (1929-1970), Übertragung seiner Bildungspädagogik ins Praktische (zwei Kinder). Von 1967 bis 1985 Entwicklung und Erprobung einer »Sinnorientierten Situationspädagogik« an der Hamburger Fachschule für Sozialpädagogik I, Wagnerstraße. Nach 1985 Verlagsgründung und schriftstellerische Tätigkeit. Mitherausgeberin der »Franz-Fischer-Jahrbücher für Philosophie und Pädagogik – Praxis und Theorie«.

Kerstin Gärtner, Jg. 1963, Dipl.Pflegewirt, Werdegang: Kinderkrankenschwester, Oberschwester der Kinderklinik in Eisenach, Studium Pflegemanagement, Dozentin für Pflege, Kommunikation und Management, seit 2008 am Diakonischen Bildungsinstitut »Johannes Falk« Leiterin des Kompetenzzentrums Alter, Pflege & Inklusion

Christiane Gerner, Gründungsmitglied des GenerationenNetzwerkes Halle e.V., Journalistin und Moderatorin

Andreas von Glahn, Jg. 1963, Dipl. Sozialarbeiter / Sozialpädagoge. Erste Ausbildung: Erzieher, nach 8 Jahren Tätigkeit Studium der Sozialarbeit. 1. Vorsitzender und päd. Leitung des TANDEM e.V. – Soziale Teilhabe gestalten, Geschäftsführer der gem. Bremervörder Beschäftigungsgesellschaft. Hauptamtlich: Teamleiter in der Gesellschaft für soziale Hilfen (GESO) im Bereich der Eingliederungshilfe / ambulant betreutes Wohnen im Landkreis Rotenburg-Wümme. Mitglied im Bundesvorstand der Kulturlogen e.V.

Uwe Gonther, Dr. med., Jg. 1965, Studium in Marburg und Brisbane/Australien, Facharztausbildung (Psychiatrie und Psychotherapie) bei Wolfgang Blankenburg und Klaus Dörner, Oberarzt in Gütersloh und Bremen, seit 2010 Chefarzt in Bremerhaven, seit 2012 Lehrauftrag für Psychiatrie an der Hochschule für Künste im Sozialen/ Ottersberg; Arbeitsschwerpunkt: Vernetzung in der Gemeinde, Psychotherapie; Publikationen u.a. zur Geschichte der Psychiatrie, Psychobiografie (Hölderlin, Kleist, Cobain).

Gerda Graf, Jg. 1952, Pflegemanagerin, Geschäftsführerin der Wohnanlage Sophienhof gGmbH in Niederzier, 1997-2006 ehrenamtliche Vorsitzende des Deutschen Hospiz- und Palliativverbandes e.V. (DHPV), seitdem Ehrenvorsitzende. Stellvertretende Vorsitzende der Hospizbewegung Düren-Jülich e.V., Mitbegründerin der Hospiz Zeitschrift und des Bundes-HospizAnzeigers sowie Initiatorin des Ehrenamtspreises, der jährlich vom DHPV verliehen wird.

Katrin Grüber, Dr. rer. biol., Jg. 1957, Studium der Biologie und Chemie für das Lehramt, Promotion in Biologie, von 1990 bis 2000 für die GRÜNEN Abgeordnete des Landtags NRW (auch als Vizepräsidentin), seit 2001 Leiterin des Institutes Mensch, Ethik und Wissenschaft

Brigitte Harth, Jg. 1958, Dipl. Psych., Dipl. Gerontologin, verheiratet, ein erwachsener Sohn. Psychologie-Studium in Hamburg (1979-1984), danach bei der Evangelischen Jugend auf Bundesebene in Stuttgart, dann in Hessen in der Werbung und in der Politik, Zusatz-Studium Gerontologie in Heidelberg (2003-2006), seit 2006 freiberufliche Dozentin in verschiedenen Altenpflegeschulen und Institutionen der Fort- und Weiterbildung sowie in Altenpflege-Einrichtungen. Langjährige Vorsitzende des Demenz-ForumDarmstadt e. V., örtliche Alzheimer-Gesellschaft, seit 2012 auch Vorsitzende der Alzheimer-Gesellschaft Hessen e. V.

Ulrike Hauffe, Jg. 1951, Landesbeauftragte für Frauen des Landes Bremen seit 1994 (gewählt bis 2018), Mitglied des Verwaltungsrates der früheren BARMER und heutigen BARMER GEK seit

2005 (gewählt bis 2017), Vorsitzende des früheren Ausschusses für Gesundheit und Verträge der BARMER und heutigen Verwaltungsratsausschusses für Prävention, Versorgung, Rehabilitation und Pflege der BARMER GEK seit 2005

Bettina Hauphoff, Jg. 1960, lebt in Bielefeld; Diplompsychologin und Psychologische Psychotherapeutin; Ausbildung in Gesprächspsychotherapie, tiefenpsychologischer Therapie und systemischer Therapie; 1988-2011 tätig in der LWL-Klinik Gütersloh, seit 2011 tätig auf einer Akutstation in der LWL-Klinik Paderborn.

Wolfgang Hauser, Jg. 1972, Dipl. Soz.päd. (FH), 1993-98 Studium Sozialpädagogik an der KSFH Benediktbeuern, 1998-2000 Leiter Kommunale Sozialarbeit in der Gemeinde Tuningen, seit 2000 Kreisjugendreferent und Sozialplaner (Schwerpunkte Bürgerschaftliches Engagement und Behindertenhilfe) im Landkreis Tuttlingen

Martin Hebenstreit, Magister, Studium der Pädagogik, Diplom-Lehrgang »Projektbegleiter für Gemeindeentwicklung« und berufsbegleitende Zusatzausbildung »Systemische Supervision, Coaching und Teamberatung« und Systemische Organisationsberatung. Geschäftsführer des Sozialsprengel Leiblachtal (1993-2004); Projektmitarbeiter bei Supromobil – Projekt zur Sekundärprävention (2003 und 2004); Stellenleiter der Supro-Werkstatt für Suchtprophylaxe, Stiftung Maria Ebene (2004 und 2005); Geschäftsführer der connexia-Gesellschaft für Gesundheit und Pflege gem. GmbH in Bregenz (seit 2005) und der connexia-gem. Bildungs-GmbH (seit 2012); gewerbliche Tätigkeiten als Projektbegleiter und Berater für Non-Profit-Organisationen und im Bereich Verwaltung (seit 1996); Lehrtätigkeit an der Schule für Sozialbetreuungsberufe in Bregenz (seit 2008)

Silvia Hedenigg, Prof. Dr. phil, Dr. rer. medic., Jg. 1965, Promotion zum Dr. phil. in Erziehungswissenschaften und zum Dr. rer. medic. in Medizinsoziologie an der Freien Universität Berlin, Tätigkeiten als Wissenschaftliche Mitarbeiterin an der FU, Dozentin und

Studiengangsleiterin an der Fachhochschule Oberösterreich (»Soziale Dienstleistungen für Menschen mit Betreuungsbedarf«); Gegenwärtig Studiengangsleiterin des Masterstudiengangs »Sozial- und Gesundheitsmanagement« an der Theologischen Hochschule Friedensau (Sachsen-Anhalt)

Gerrit Heetderks, Jg. 1952, Dipl. Päd., Geschäftsführer Ev. Erwachsenenbildungswerkes Nordrhein und Geschäftsführer des Evangelischen Zentrums für Quartiersentwicklung in Düsseldorf.

Anne Helmer, Jg. 1964, verheiratet, ein Sohn, Dipl. Sozialarbeiterin (FH), Mitglied des Vorstandes von WOGE e.V., Mitbegründerin des Vereins WOGE e.V. im Jahr 2004 und Mitinitiatorin der WOGE Wohngruppe für Menschen mit Demenz im Freiburger Stadtteil Vauban. Wohnt selbst seit 1999 im Mehrgenerationenwohnprojekt GENOVA e.V. in Freiburg. Berufliche Funktion: Referentin für Altenhilfe beim Verband katholischer Altenhilfe in Deutschland e.V., vorher Sozialdienstleitung in einer stationären Pflegeeinrichtung.

Klaus Hiemeyer, Dr. med. Dipl. biol, Jg. 1949, Internist/Rheumatologe, Sozialmediziner, Bezirksrat im gewählten Bezirkstag (Sozialparlament) Mittelfranken, dort im Sozialausschuss und Verwaltungsrat der drei (psychiatrischen) Bezirkskliniken

Wolfgang Hönisch, Jg. 1949, Diakon und Dipl. Sozialarbeiter/Sozialpädagoge, seit 1970 Diakon und in verschiedenen Kirchengemeinden der hannoverschen Landeskirche, beginnend mit Jugendarbeit, später familienbezogene Sozialarbeit, seit April 2000 Kirchenkreissozialarbeiter im Diakonieverband Buxtehude Stade, stellvertretender Geschäftsführer und Abteilungsleiter für Kirchenkreissozialarbeit und soziale Schuldnerberatung, Schwerpunkte: allgemeine Sozialberatung, Kurenvermittlung, Beratung von Kirchengemeinden für die Diakonie und deren Entwicklung vor Ort

Alfred T. Hoffmann, Jg. 1949, Diplom Sozialpädagoge und Diplom Pädagoge, 1969-1973 Studium der Sozialpädagogik an der Evang.

FH Rheinland-Westfalen-Lippe, 1974-1981 Studium der Erziehungswissenschaften an der Universität Hamburg, 1975-1987 diverse Tätigkeiten als Referent und wissenschaftlicher Mitarbeiter, 1986-1994 Gründung, Geschäftsführung und Pädagogische Leitung der Hamburger und Hessischen Arbeitsgemeinschaft für Fortbildung in der Altenhilfe e.V. (hafa) und Überleitung in die Internationale Home Care Stiftung, 1995-2000 Leiter des Qualitätsmanagement bei RENTACO AG, seit Mai 2000 Begründer und Leiter des Beratungs- und Schulungsunternehmens »IQ – Innovative Qualifikation in der Altenpflege«, Bad Arolsen, seit August 2007 Vorsitzender »Abbeyfield Deutschland e.V.«

Ulrich Holle, Jg. 1943, betroffener Vater, ehemaliger Oberspielleiter des Landestheaters Detmold und Sprecherzieher an der Hochschule für Musik, engagiert sich seit vielen Jahren ehrenamtlich für die Interessengemeinschaft von Angehörigen Psychisch Kranker e.V. in Lippe (APK).

Wolfgang Janzen, Jg. 1954, Dipl. Sozialpädagoge und nebenberuflich Dozent für Pflegerecht. Seit 1991 für die Martha Stiftung Hamburg in der Leitung einer mittelgroßen vollstationären Wohnpflegeinrichtung mit angeschlossener Tages- und Kurzzeitpflege tätig. Geschäftsführer von drei ambulanten Pflegediensten und Aufbau verschiedener Seniorenwohnanlagen sowie einer ambulant Betreuten Wohngemeinschaft für an Demenz erkrankte Menschen. Berufsbegleitendes Studium der Organisationsentwicklung an der Uni Hamburg. Seit 1992 in der Aus-, Fort- und Weiterbildung für Pflegekräfte tätig. Dozententätigkeit in der Berufsfachschule für Altenpflege des Rauhen Hauses und an der Hochschule für angewandte Wissenschaften (Studiengang Pflegewissenschaften).
Fachbuchveröffentlichung: »Brennpunkt Pflegerecht«, Behr's Verlag 2010. Mit dem Seniorenzentrum St. Markus Träger des Deutschen Altenpflegepreises 2009 und in 2011 herausragende Platzierungen bei Great Place To Work: Gesundheitsunternehmen Platz 3 und über alle Branchen Deutschlands Platz 11.

Jo Jerg, Prof., Jg. 1956, Diplompädagoge, Professur für Inklusive Soziale Arbeit, Pädagogik der Frühen Kindheit und Praxisforschung an der Ev. Hochschule Ludwigsburg; Enthinderungsbeauftragter der Hochschule. Mehr unter: http://www.eh-ludwigsburg.de/, www.iquanet.de und www.lebenimort.de. U.a. Mitglied des Expertenrats »Inklusive Bildung« der Deutschen UNESCO; Mitglied der Expertengruppe »Kinder mit Behinderung im Kontext inklusiver Frühpädagogik« des Deutschen Jugendinstituts München/WIFF; Mitglied der Arbeitsgruppe frühkindliche Bildung, Erziehung und Betreuung von Kindern mit Behinderung im Kultusministerium Baden-Württemberg.

Gerhard Kiechle, Jg. 1947, 1981-2005 Bürgermeister der Gemeinde Eichstetten, 1998 bis heute Verwaltungsratsmitglied der Bürgergemeinschaft Eichstetten

Thomas Klie, Professor an der Evangelischen Hochschule Freiburg, Privatdozent an der Universität Klagenfurt/IFF Wien, visiting Professor an der UNAM Windhoek, nebenberuflich Rechtsanwalt. Geboren in Hamburg, lebt und arbeitet in Freiburg. Forscht, lehrt, berät und veröffentlicht zu Fragen der Zivilgesellschaft und Gerontologie.

Hubert Krebser, Jg. 1938, seit 1997 Mitglied der IGSL-Hospiz e.V., Bingen / Rhein (www.igsl.de), von 2003 bis 2012 Tätigkeiten im Vorstand, zugleich Delegierter zu den Veranstaltungen des Deutschen Hospiz- und PalliativVerbandes (DHPV), 1. Vorsitzender von 2010 bis 2012.

Alexander Künzel, Jg. 1956, seit 1987 bei der Bremer Heimstiftung, ab 1989 Vorsitzender des Vorstands. Gelernter Bankkaufmann und Tageszeitungsredakteur, Studium Evangelische Theologie in Hamburg. Fünf Jahre lang Pressesprecher und persönlicher Referent des damaligen Bremer Sozialsenators und Bürgermeisters Dr. Henning Scherf. U.a. Sprecher des Netzwerkes SONG (Soziales neu gestalten), Kurator des Kuratorium Deutsche Altershilfe (KDA), Vorsitzender Kuratorium Herrnhuter Diakonie, Mitglied im Fachausschuss »Alter und Pflege« des Deutschen

Vereins und Mitglied im Aufsichtsrat der Sparkasse Bremen AG sowie ehrenamtlicher Richter am Landesarbeitsgericht Bremen.

Helmut Landwehr, Jg. 1951, Schlosserlehre und zwei Gesellenjahre, Zivildienst in Bethel, Sozialarbeiterstudium, mehrere Jahre tätig im Begleitenden Dienst der WfbM Bethel, zwei Jahre tätig in der LWL Klinik Gütersloh, 30 Jahre geschäftsführender Gesellschafter der Firma Dalke, heute Gesellschafter der Firma Dalke

Horst-Dieter Lemke, Jg. 1941, Mitglied im Vorstand der Hospizbewegung Duisburg-Hamborn e.V., Duisburg

Ulf Liedke, Prof. Dr., Jg. 1961, Studium der evangelischen Theologie in Leipzig von 1984 bis 1990, anschließend Repetent an der Kirchlichen Hochschule Leipzig, von 1992-1997 wissenschaftlicher Mitarbeiter am Institut für Systematische Theologie der Universität Leipzig, Promotion 1996, seit 1997 Professor für Theologische Ethik und Diakoniewissenschaft an der Evangelischen Hochschule Dresden (FH); Habilitation 2008, seither auch Privatdozent für Systematische Theologie an der Universität Leipzig. Vorsitzender des Theologischen Ausschusses der 26. Landessynode der Evangelisch-Lutherischen Landeskirche Sachsens

Jürgen Lilischkies, Jg. 1950, Dipl.-Sozialarbeiter, Werdegang: Leiter eines Heimes für praktisch Bildbare, Leiter des Sozialdienstes für psychisch Kranke der Stadt Frankfurt, Vorstands- und Aufbauarbeit bei einem Versorgungsträger der Gemeindepsychiatrie in Frankfurt, seit über 20 Jahren Regionalgeschäftsführer im PARITÄTISCHEN Wohlfahrtsverband Frankfurt am Main

Peter Georg Locher, Dr. med., Jg. 1954, Studium der Medizin in Ulm von 1978 bis 1985, Fachausbildung zum Frauenarzt in Lünen, Bitburg und Trier, Anerkennung als Facharzt für Frauenheilkunde und Geburtshilfe 1993, Oberarzt in Wittlich von 1993 bis 1999, Tätigkeit am Krankenhaus Daun und in eigener Praxis von 2000 bis 2006, Chefarzt der Frauenklinik in Wittlich seit 2007

Klaus von Lüpke, Jg. 1941, Theologe und Sozialpädagoge, erste Praxiserfahrungen als Werkstudent in den »Alsterdofer Anstalten«, Hamburg, danach mehrere Jahre als Referent bei der Bundesvereinigung der Lebenshilfe Marburg. Nach einer Zwischenstation im Diakoniewerk Kaiserswerth, Düsseldorf, ab 1977 29 Jahre lang bis zum Beginn seines Ruhestandes Leiter des Behindertenreferats der Ev. Kirche in Essen. In der Entwicklung dieser Arbeit war er u.a. der Initiator der »sozialen erfindungen«: Familienunterstützungs- und Integrationshelfer-Dienste (FID, seit 1978) und Bürgerjahr (Soziales Praxisjahr mit Bürgereinkommen, seit 1996). Heute im Ruhestand engagiert er sich schwerpunktmäßig für die Wohngemeinschaften der »Arche-Initiative Essen« (e.V.). Zahlreiche Veröffentlichungen.

Daniela Lutz, Jg. 1959, Fachärztin für Psychiatrie und Psychotherapie mit Schwerpunkt Alterspsychiatrie in eigener Praxis, bis 2011 teilzeitlich im ambulanten Dienst der Alterspsychiatrie der Universitären Psychiatrischen Dienste Bern, Stadtparlamentarierin bei den GRÜNEN Bern. Verheiratet, vier fast erwachsene Kinder, gemeinschaftliche Betreuung meiner inzwischen dementen 90-jährigen Mutter.

Jürgen Matzat, Jg. 1951, Diplom-Psychologe, Psychologischer Psychotherapeut; seit 1977 an der Klinik für Psychosomatik und Psychotherapie der Justus-Liebig-Universität Gießen; 1982 einer der Gründer und langjähriges Vorstandsmitglied der Fachorganisation Deutsche Arbeitsgemeinschaft Selbsthilfegruppen e.V.; seit 1987 Leiter der Kontaktstelle für Selbsthilfegruppen in Gießen; Patientenvertreter im Gemeinsamen Bundesausschuss (Unterausschuss Psychotherapie) und in Ausschüssen auf Landesebene; als Patientenvertreter in Arbeitsgruppen zur Erstellung von Versorgungsleitlinien (beispielsweise zu Depression); Autor zahlreicher Publikationen zu Themen, die Selbsthilfe und Patientenvertretung betreffen; DGSP-Mitglied seit (ca.) 1972.

Bernd Meißnest, geb. 1967 in Stuttgart; verheiratet, 2 Kinder. 1987 bis 1993: Studium der Humanmedizin in Tübingen, Freiburg,

Johannesburg (SA), 1994 bis 1995: Assistenzarzt in der Inneren Medizin im Klinikum Kulmbach, 1995 bis 2000: Assistenzarzt in der Psychiatrie der Westfäl. Klinik Gütersloh, 2000 bis 2005: Oberarzt in der Psychiatrischen Klinik des St. Marienhospitals Hamm, seit 2005: Chefarzt der Klinik für Gerontopsychiatrie und Psychotherapie am LWL-Klinikum Gütersloh. 2009: Komm. Ärztl. Direktor des LWL-Klinikums Gütersloh, seit 2010: stellv. Ärztl. Direktor des LWL-Klinikums.
Seit 1996 Vorstandsmitglied des Verein Daheim e.V. in Gütersloh und seit 1997 1. Vorsitzender. Seit 2011 Vorstandsmitglied der Deutsch-Poln. Gesellschaft für seelische Gesundheit.

Willi Michel, Jg. 1953, Individualpsychologischer Berater und Familientherapeut (TELOS), 15 Jahre Heimleiter einer (sogenannten) Eingliederungseinrichtung für Sucht- und Psychischkranke, heute: Leiter eines ambulanten Betreuungsdienst für Sucht- und Psychischkranke mit Tagesstätte. Durch diesen Systemwechsel wurde ich zum Heimgegner.

Jacqueline Minder, Dr. med., Jg. 1964, Chefärztin und Bereichsleiterin Alterspsychiatrie, Integrierte Psychiatrie Winterthur – Zürcher Unterland. Medizinstudium an der Universität des Saarlandes, somatische Ausbildung an mehreren Kliniken im Saarland, Psychiatrische Facharztausbildung in der Schweiz, Schwerpunkt Alterspsychiatrie

Klaus Obert, Dr., Jg. 1953, Doktor der Sozialwissenschaften und Diplom Sozialpädagoge. Studium der Sozialpädagogik im Hauptfach, Soziologie und Psychologie im Nebenfach an der Eberhard-Karls-Universität in Tübingen (1972-1978). Bereichsleiter der Sucht- und Sozialpsychiatrischen Hilfen im Caritasverband für Stuttgart e.V.; Sprecher des Trägerverbundes Psychiatrie in Stuttgart, Vorsitzender des Fachbeirats Psychiatrie im CBP (Caritas Behindertenhilfe und Psychiatrie). Vorsitzender des Landesverbandes der Deutschen Gesellschaft für Soziale Psychiatrie Baden-Württemberg.

Margret Oelhoff, Jg. 1946, Lehrerin im Ruhestand, Kreisrätin und sozialpolitische Sprecherin der CDU-Fraktion, Gründungsvorsitzende des St. Josefshaus-Fördervereins e.v. und dessen ehrenamtliche Geschäftsführerin.

Mareen Papiernik, Jg. 1981, Diplom-Sozialwirtin (Friedrich-Alexander-Universität Erlangen Nürnberg), seit 2011 Leiterin des Aufgabenbereichs Senioren im Landratsamt Coburg

Gerhard Paul, Jg. 1964, Ausbildung: Diplom Kaufmann, Universität Bamberg, zwölf Jahre in Führungspositionen in der Automobilindustrie.
Seit 2006 habe ich mich entschlossen das »Lebenswerk« meiner Mutter Ursa Paul in die nächste Generation zu überführen. Funktionen in der Heilhausbewegung: Vorstandsvorsitzender der Heilhaus-Stiftung Ursa Paul, Vorstandsmitglied in der Baugenossenschaft Gemeinschaftliches Leben eG und Geschäftsführer in mehreren Tochtergesellschaften der Stiftung. Verheiratet und zwei Söhne und wir leben in der Siedlung Am Heilhaus.

Klaus-W. Pawletko, Jg. 1955, Diplom-Soziologe und Supervisor, seit 1980 tätig im Bereich der Altenhilfe(-politik), seit 1999 Geschäftsführer der Freunde alter Menschen e.V., 2006 bis 2009 Projektleitung des Bundesmodellprojekts: »Qualitätssicherung in ambulant betreuten Wohngemeinschaften (nicht nur) für Menschen mit Demenz«, zahlreiche Fachveröffentlichungen

Werner Peters, Dr. phil., Jg. 1941, Studium der Altphilologie und Philosophie mit Promotion, nach längerem USA-Aufenthalt ca. zehn Jahre berufliche Tätigkeit als Politikberater. Seitdem Besitzer und Betreiber eines Hotels mit künstlerischem Einschlag in Köln. Autor verschiedener Artikel und Bücher zu Theorie und Praxis der Demokratie.

Monika Pichlmaier, Jg. 1941, Dipl. Sozialarbeiterin und Heilpädagogin, verheiratet, Mutter von 9 Kindern. Studium in Freiburg und München. Seit 1973 wohnhaft in Waiblingen. Seit 2004 im »Unruhestand« nach langjähriger Tätigkeit bei der Stadt Waiblingen/Sozialamt.

Klaus Pramann, Jg. 1946, 1966/67 als Kriegsdienstverweigerer in Bethel gearbeitet/dort Entscheidung zum Medizinstudium (1968-1974 Examen), 1976-1981 als Assistenzarzt im LKH Schleswig. In Kloster Blankenburg (Langzeitpsychiatrie vom ZKH Bremen-Ost) 1981-1985. Im DGSP-Bundesvorstand in den 80er-Jahren; Mitbegründer der Blauen Karawane und dort im Vorstand; seit 1989 in eigener Praxis als Nervenarzt tätig.

Peter Pratsch, Heilpädagoge, Jg. 1957, ehemaliger Heimleiter und Gründer des Sozialpsychiatrischen Verbundes Hassberge, jetzt »Projektleiter Außenarbeitsplätze« bei der Lebenshilfe Schweinfurt

Katrin Rehse, Jg. 1973, Diplom-Soziologin; Studium der Soziologie, Politologie, Statistik und Jura in Frankfurt am Main und Glasgow. 2001-2011 Projektleiterin in der Markt- und Mediaforschung. Seit 2012 Bildungsreferentin Forschung und Entwicklung der Volunta Akademie, DRK in Hessen Volunta gGmbH, Wiesbaden.

Jörg Reichert, Jg. 1958, 1980-1985: Studium der Sozialpsychologie in Jena und der Klinischen Psychologie in Berlin, 1989: Promotion zum Dr. phil., 2002: Habilitation (Rehabilitationswissenschaften), Approbation als Psych. Psychotherapeut. 2009: Leitung des Bereichs Psychologische und Sozialmedizinische Versorgung (FamilieNetz) am Fachbereich Neonatologie/ Pädiatrische Intensivmedizin des Universitätsklinikums Dresden 2009, davor Praxis als freiberuflicher Gerichtssachverständiger, Vertretungsprofessor für Rehabilitationspsychologie (Berlin) und für Psychologie der Lernförderung (Heidelberg)

Angela Reschke, Jg. 1961, Dipl-Psych., 1993-1995 ehrenamtlich tätig für den Hamburger Hospiz e.V., 1995-2005 aktiv im Patientenschutz, u. a. als Patientenberaterin und Patientenfürsprecherin, Bürgervertreterin in der Ethikkommission der Ärztekammer Hamburg, seit 2004 hauptamtlich in der Hospizarbeit. Hier Aufbau Ambulanter Hospizberatungsdienst im Hamburger Hospiz e.V. und verantwortlich für die Öffentlichkeitsarbeit.

Antje Richter-Kornweitz, Dr. phil. 1996-1999, Wiss. Mitarbeiterin an der Carl-von-Ossietzky Universität Oldenburg, 2000-2001, Wiss. Mitarbeiterin an der FH Nordost-Niedersachsen, Lüneburg, bis 2001, Psychosoziale Beratung und Therapie für Kinder, Jugendliche und Familien, seit 2001 Fachreferentin und wiss. Mitarbeiterin bei der Landesvereinigung für Gesundheit Niedersachsen & Akademie für Sozialmedizin e.V.

Maria Riemer, Jg. 1952, Förderschullehrerin seit 1977, ehrenamtliche Hospizmitarbeiterin seit 2001

Erika Rodekirchen, Jg. 1949, Diplompädagogin, Mitbegründerin des Vereins »Neues Wohnen im Alter e.V.« Köln (1985), hauptamtliche und ehrenamtliche Mitarbeiterin des Vereins und seit 1997 im Rahmen der vom Land NRW geförderten Beratungsstelle »Regionalbüro Rheinland, Neue Wohnformen im Alter« und als Projektentwicklerin / Quartiersmanagerin tätig.

Heiner Romberg, Jg. 1941, Studium der Theologie in Freiburg Br., Paderborn, München, Florenz, Wien. Berufliche Tätigkeit: Beratung für Struktur- und Ablauforganisation in der Industrie bei Schering, Siemens, Renk, NCR u.a. Seit 1965 im Fokolar (www.fokolar-bewegung.de) in Deutschland, Italien, Österreich und Israel. Im Ruhestand: Referent, Begleitung und Lebensberatung.

Gernot Rüter, Dr. med., Jg. 1949, 1968-74 Studium der Humanmedizin in Freiburg/Breisgau, Promotion 1974, Approbation 1976, Weiterbildung zum FA für Allgemeinmedizin 1976-1980, seit 1980 als Allgemeinarzt in eigener Praxis tätig.
Seit 1993 Qualitätszirkelmoderator. Versorgungsforschung zur Behandlung von Tumor- und von Diabetespatienten sowie zu Kooperationsfragen in der Hausarztpraxis.
Publikationen zu einer personenzentrierten Medizin, Referent im Rahmen des Würzburger Philosophicums für Mediziner

Renate Schernus, Jg. 1942, Psychologische Psychotherapeutin. Von 1970 bis 2000 Arbeit im Bereich anfallskranker Kinder und im psychiatrischen Bereich. 1986 bis 2000 Mitglied der Ethikkommission Bethels. Seit 1992 Mitglied der Redaktion der Zeitschrift Sozialpsychiatrische Informationen. Mitglied der Deutschen Gesellschaft für Soziale Psychiatrie (DGSP), dort einige Jahre im erweiterten Vorstand. Einige Jahre (ab 2000) Mitarbeit in der Forschungsgemeinschaft Ethik der Universität Witten-Herdecke. Seit Mai 2009 Mitglied der Evangelischen Forschungsakademie (EFA). Ehrenamtliche Tätigkeiten im Bereich Psychiatrie (Beschwerdestelle, Peer-Beratung, EX-IN-Ausbildung etc.), Mitinitiatorin der Soltauer-Impulse zu Sozialpolitik und Ethik (http://www.soltauer-impulse.culturebase.org/). Veröffentlichungen u. a. zu psychosozialen Problemen bei anfallskranken Kindern, zum subjektiven Psychoseerleben, zu medizinethischen und sozialkritischen Themen. (www.renate-schernus.kultursrver-nrw.de)

Gerhard Schiele, Geschäftsführer Altenhilfe der Stiftung Liebenau. Studium des Sozialwesens, Zusatzausbildung in der Therapie und Supervision, Leitende Tätigkeit in der Gemeindepsychiatrie, verschiedene Lehraufträge an der Fachhochschule Ravensburg, ab 1993 verantwortlich für die Entwicklung und Umsetzung der Lebensräume für Jung und Alt bei der St. Anna-Hilfe gGmbH, ab 2001 Prokurist mit dem Schwerpunkt Forschung und Entwicklung, seit 2009 Geschäftsführer der Altenhilfe der Stiftung Liebenau.

Anton Schmalhofer, Jg. 1963, seit 1988 im Behindertenbereich tätig als Fachbetreuer, Leiter, Planung und Koordination für die Stadt Wien und Behindertenorganisationen.

Silvia Schmidt, Jg. 1954, Mitglied des Deutschen Bundestages (seit 1998), Behindertenbeauftragte der SPD-Bundestagsfraktion und Vorsitzende der Bundesinitiative Daheim statt Heim e.V. (seit 2006), zwei Kinder, zwei Enkelkinder. Abschluss als Diplomsozialarbeiterin (FH Potsdam) 1990, Sozialarbeiterin in der Reha-Klinik Rammelburg mit Zusatzausbildung zur Gesprächspsychotherapeutin, Studium der Erziehungswissenschaften an der Martin-Luther-Universität Halle/Wittenberg

1996-98, bis 1998 Leiterin des Förderpädagogisch-Therapeutischen-Zentrums Wippra in Trägerschaft des Trägerwerk Soziale Dienste (TWSD)

Günter Schmitt, Jg. 1961, Krankenpfleger, Lehrer für Pflegeberufe, Spieleerfinder, Buch- und Drehbuchautor, Qualitätsmanager, Studium BBA, verheiratet, Vater von drei jungen Erwachsenen, Arbeitsgruppe »Leben im Alter und mit erhöhtem Hilfebedarf in der Fokolar-Bewegung«.

Gabriele Schneider, Jg. 1962, Geschäftsführerin beim Verein für gemeindenahe Psychiatrie im Zollernalbkreis e.V., Fachkrankenschwester für Psychiatrie, Systemische Familientherapeutin, Studium Management im Erziehungs-, Sozial- und Gesundheitswesen (GA). Seit 1983 Arbeit mit psychisch erkrankten Menschen, die ersten 16 Jahre im klinischen Kontext. Dann 10 Jahre beim »Betreuten Wohnen in Familien«, seit 2008 beim Verein für gemeindenahe Psychiatrie im Zollernalbkreis e.V., der ebenfalls Träger des gemeindepsychiatrischen Zentrums Balingen ist.

Erich Schützendorf, Jg. 1949, Studium Pädagogik, Psychologie, Soziologie. Seit 1976 Fachbereichsleiter für Fragen des Älterwerdens an der Volkshochschule des Kreises Viersen.

Sabine Skutta, Dr. phil. Jg. 1959, Diplompsychologin, Teamleiterin Kinder-, Jugend- und Familienhilfe im Generalsekretariat des Deutschen Roten Kreuzes.

Lothar Stetz, Dr. rer. soc., Jg. 1958, Studium Politikwissenschaft und Soziologie. Nach Tätigkeit in der Industrie seit vielen Jahren in der Erwachsenenbildung an Volkshochschulen tätig, zuletzt als Direktor der vhs Konstanz-Singen und seit 2009 Direktor der vhs im Norden des Landkreises München e.V.

Sebastian Stierl, Dr. med., Jg. 1952, Arzt für Psychiatrie und Psychotherapie, Arzt für Psychosomatische Medizin, Ärztlicher Direktor der Psychiatrischen Klinik Lüneburg, seit 1981 aktives Mitglied der DGSP.

Christine Theml, Jg. 1950, 1969 Abitur in Jena, Studium der Kulturwissenschaften in Leipzig, geheiratet, zwei Kinder, 1978-1981 wissenschaftliche Assistentin an der Friedrich-Schiller-Universität Jena. Seit 1987 als Museumsmitarbeiterin in Schillers Gartenhaus in Jena tätig. 1993-2012 Vorstandsmitglied bei Aktion Wandlungswelten, 2000 in Jena den Thüringer Landesverband Psychiatrie-Erfahrener (TLPE) gegründet und bis 2012 im Vorstand. 1993 die Selbsthilfezeitung »Nicht ohne uns« ins Leben gerufen, die noch heute unter meiner Redaktion monatlich erscheint.

Prälat Wolfgang Tripp, Jg. 1946, Diözesancaritasdirektor seit 1997, 1966-1970: Studium katholische Theologie Tübingen, Münster (Westf.), 1970-1972: Priesterseminar Rottenburg; Diakonat Wasseralfingen, 1972: Priesterweihe in Stuttgart, 1972-1975: Vikar in Schwenningen, 1975-1986: Diözesanjugendseelsorger und Leiter des Bischöflichen Jugendamtes der Diözese Rottenburg-Stuttgart, 1986-1997: Pfarrer in St. Paul Esslingen 01.04.1997: Diözesancaritasdirektor, 2010: Papst Benedikt XVI. verleiht Wolfgang Tripp den Titel eines Prälaten, Auszeichnungen und Titel: Päpstlicher Ehrenkaplan (»Monsignore«)

Birgitt Weber, Jg. 1950, erste Vorsitzende des Vereins »Ortsnahe Alltagshilfen e.V.«. Ausbildung zur Arzthelferin, zwei Söhne im Alter von 25 und 41 Jahren und zwei Pflegetöchter, jetzt im Alter von 47 und 41 Jahren. Nach 20 Jahren ehrenamtlicher Jugendarbeit mit 50 Jahren die Ausbildung zur Dip. Soz. Päd. an der FH Münster. Fünf Jahre als Dozentin in einer Altenpflegeschule tätig, Betreuung des Modellprojektes Ausbildung zum Altenpflegehelfer/in. Die Idee (von 2003) einer solidarischen Gesellschaft für einen Ortsteil weiterentwickelt und 2007 in einem Konzept dem Bürgermeister vorgestellt. 2008 einen Verein gegründet und ehrenamtlich mit der Umsetzung des Konzeptes begonnen. Mit vielen ehrenamtlich Tätigen befinden wir uns auf einem guten Weg.

Katja Wollny, Jg. 1979, Studium der Sozialpädagogik (Diplom I/II) in Kassel. 2005-2010 hauptamtlich als Sozialpädagogin und stellvertr. Geschäftsstellenleiterin bei der DRK Volunta gGmbH in Kassel tätig. Seit 2011 Leiterin Forschung und Entwicklung in der Volunta Akademie, Wiesbaden.

Michael Wunder, Jg. 1952, Dr. phil., Dipl.-Psychologe und psychologischer Psychotherapeut, Leiter des Beratungszentrums der Evangelischen Stiftung Alsterdorf in Hamburg, einer Einrichtung für Menschen mit geistiger Behinderung; Leiter eines Entwicklungshilfe-Projektes der Behindertenhilfe und Psychiatrie in Rumänien; Autor zahlreicher Beiträge zur Medizin im Nationalsozialismus, Behindertenhilfe, Biomedizin und Bioethik, Mitglied der Enquete-Kommission »Ethik und Recht der modernen Medizin« in der 14. und 15. Legislaturperiode im Deutschen Bundestag, Mitglied des Deutschen Ethikrats

Monika Zabel, Jg. 1956, Dipl.-Pädagogin und Systemische Therapeutin (SG), Leiterin der Evang. Seniorenhilfe Delmenhorst e.V.

Gisela Zenz, Prof. Dr. jur. Dr. h.c., Jg. 1938, 1981 bis 2004 Professorin für Familien-, Jugendhilfe- und Sozialrecht, seit 2004 Leitung des Projekts »Forum Alterswissenschaften und Alterspolitik« an der J.W. Goethe-Universität Frankfurt am Main, daneben kontinuierliche Tätigkeiten in eigener psychotherapeutischer Praxis sowie in Supervision und Fortbildung

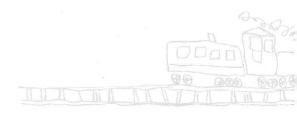

Dörner

Der gute Arzt

Lehrbuch der ärztlichen Grundhaltung

Welcher Arzt will nicht ein „guter Arzt" sein? Denken und Handeln jedes Arztes sind darauf ausgerichtet und von dieser unausgesprochenen Grundhaltung geprägt. Das Bestreben, ein guter Arzt zu sein, braucht man also wohl nicht zu lehren, doch kann man lernen, ein besserer Arzt zu werden.

2., überarb. Aufl. 2003. 380 Seiten, geb.
€ 39,99 (D) / € 41,20 (A) | ISBN 978-3-7945-2250-7

Charbonnier, Dörner, Simon (Hrsg.)

Medizinische Indikation und Patientenwille

Behandlungsentscheidungen in der Intensivmedizin und am Lebensende

Alle Behandlungsmaßnahmen müssen medizinisch indiziert sein und dem Willen des Patienten entsprechen. In der Praxis entsteht aber oft ein Spannungsfeld zwischen medizinischer Indikation und Patientenwillen. Die Autoren beleuchten dieses Thema aus medizinischer, ethischer und juristischer Perspektive. Sie zeigen Ärzten mögliche Entscheidungswege in Konfliktsituationen auf.

2008. 146 Seiten, geb. | € 34,99 (D) / € 36,– (A) | ISBN 978-3-7945-2602-4

Lown

Die verlorene Kunst des Heilens

Anstiftung zum Umdenken

Geleitwort von Ulrich Gottstein | Deutsche Übersetzung von Helga Drews

Lown erzählt packende, und stets nachdenklich machende Episoden aus seinem bewegten Leben als Arzt und Wissenschaftler, die deutlich machen, dass eine Medizin mit menschlichem Gesicht auch in Zeiten fragwürdiger Reformen und bürokratischer Fesseln möglich ist.

2. Ndr. 2012 der 2., erw. und illustrierten Aufl. 2004. 327 Seiten, 20 Abb., geb.
€ 39,99 (D) / € 41,20 (A) | ISBN 978-3-7945-2347-4

Irrtum und Preisänderungen vorbehalten

🟊 Schattauer   www.schattauer.de